Sandra Ovies Fernández

M.ª Esther Fernández Fernández

Sí, quiero

Las vivencias de M.ª Esther Fernández como
maestra de primaria

Books on Demand GmbH

Sandra Ovies Fernández

M.ª Esther Fernández Fernández

Sí, quiero

Las vivencias de M.ª Esther Fernández como
maestra de primaria

Sí, quiero

© Sandra Ovies Fernández, 2022

Impresión y editorial BoD – Books on Demand
info@bod.com.es - www. bod.com.es
Impreso en Alemania – Printed in Germany

ISBN: 978-8-4112-3339-2

Mi escuela, mi escuela. Homenaje a los maestros. Gloria Fuerte.

Yo voy a una escuela
Muy particular
Cuando llueve se moja
Como las demás.

Yo voy a una escuela
Muy sensacional
Si se estudia, se aprende,
Como en las demás.

Yo voy a una escuela,
Muy sensacional,
Los maestros son guapos
Las maestras son más.

Cada niño en su pecho
Va a hacer un palomar
Donde se encuentre a gusto
El pichón de la Paz.

Yo voy a una escuela
Muy sensacional.

«Prediqué mi evangelio didáctico y puse una flor de comprensión en la desgracia humana, en la incultura sin culpa, en el querer y no poder, en lágrimas inocentes. Luché contra la injusticia y la petulancia. Les di todo lo mejor de mi vida y formé aquellos niños para ser hombres y mujeres del mañana. Aquellos ojos inocentes que cada mañana al entrar en la escuela, me miraban con amor puro, y me decían: «"te queremos, nunca te olvidaremos"».

Mª Esther Fernández Fernández:

Agradecimientos

Muchas gracias al lector que tenga la amabilidad de sumergirse y dejarse acompañar por las vivencias que aquí se cuentan. en nombre de M.ª Esther Fernández y en el mío propio.

¡Mil gracias a todos!

Nota de la autora

Querido lector, en primer lugar, me voy a presentar. Soy Sandra Ovies Fernández, y aunque figure como autora de este libro, debes de saber que soy una mera transmisora de vivencias reales de M.ª Esther Fernández Fernández, mi madre, y la autora de este libro. Después de jubilarse como maestra de primaria durante cuarenta años, y en la tranquilidad que da la jubilación, decidió escribir las vivencias que había tenido como maestra desde su inicio en 1958 hasta su jubilación.

Como iréis descubriendo en las páginas de este libro, recorrió prácticamente toda Asturias, desde ciudades a los lugares más recónditos de Asturias, llevando con ello la educación y la cultura.

Sí, quiero recoge las vivencias e impresiones que ella transmite, y que yo he querido que vea la luz porque considero que es el mejor homenaje que le puedo hacer después de su partida. En estas páginas se ha vuelto inmortal, y además, soy de las personas que considera que mientras se recuerde a una persona está viva.

Querido lector, como he mencionado al principio, soy una mera transmisora. Mi función en este libro es darle visibilidad, hacértelo llegar y perfeccionar alguna cosa. Tal vez te preguntes a qué se debe el nombre del libro. He decidido titularlo *Sí, quiero* porque es un «Sí» con mayúsculas a todo: a la vida, al amor, a la amistad, al crecimiento personal. A no dejarse doblegar por las adversidades, pero sobre todo a la educación y la cultura; una reivindicación a la excelente labor que realizan los maestros, ya que no siempre es justamente valorada. No debemos olvidar que el maestro es esa persona que nos enseña a leer y a escribir, a tomar contacto desde la más tierna infancia con la cultura y la educación, y deja huella en nuestra personalidad con sus enseñanzas. El buen maestro nos enseña a desarrollar nuestra inteligencia emocional, esa que nos va a acompañar durante nuestra vida y nos va a permitir relacionarnos con los demás. Considero que el maestro es el catalizador que ayuda a gestionar de forma positiva las emociones.

Querido lector, sin más me despido, espero que te guste la lectura tanto como yo he disfrutado del trabajo de recopilación de textos de este libro.

Sandra Ovies Fernández

Esther

Al tratar de decir algo sobre la vida de Esther se agolpan, sin orden ni prioridad, sentimientos y sensaciones como cariño, sencillez, dedicación, orgullo de su vida, ansia de conocimiento, ganas de viajar, conocer y hacer nuevas amistades, sabiduría sobre lo que es importante y circunstancial, y sobre todo envolviendo toda su vida como el aire envuelve nuestra existencia, el cariño hacia todos que sabía dar a raudales en cada gesto, en cada palabra, en cada enfado.

Dado que este libro saca a la luz sus memorias, iniciaré mis comentarios por lo orgullosa que estaba de su vida dedicada exclusivamente a enseñar a los niños de los pequeños pueblos de Asturias a saber defenderse en la vida culturalmente y si era posible desarrollar el ansia de mayor conocimiento, y al mismo tiempo y sobre todo a inculcarles valores morales y humanos de respeto a todos, cultura de ayuda mutua, igualdad de trato a niños y niñas, todo ello salpicado de enseñanzas religiosas, consecuencia de su profunda convicción cristiana.

En este punto es conveniente hacer constar el ambiente y cultura de los pueblos pequeños de montaña, de hace sesenta años, semianalfabetos y cuya mayor prioridad era la simple supervivencia, pero alertados del cambio que se estaba produciendo a su alrededor, y por ello, normalmente, respetuosos y colaboradores con los maestros.

Esto suponía una dedicación constante a sus niños, como ella decía, a las preguntas, quejas o dudas de sus padres, y a los contratiempos de incomprensión que con relativa frecuencia le acarreaba su forma de actuar. No era fácil mantener su enseñanza y ser aceptada en todas las familias o en todos los ambientes. Su sencillez, su bondad y el ir por la vida como "un libro abierto" le ayudaron a resolver situaciones, aunque no faltaron días de sensación profunda, de soledad y cansancio.

Cómo ella decía, las muchas preguntas de los niños me han hecho consciente de las muchas cosas que desconozco. Ello la llevaba a preguntar sobre multitud de cosas. Los temas de astronomía, medicina, arte y descripción de viajes la encantaban.

Una vez jubilada, Arcadio y ella hicieron multitud de viajes, pequeños en su recorrido, pero variados, en los que dejaron constancia de su capacidad de empatía con las personas, creando una relación amistosa con muchas de ellas.

Mientras ella estuvo trabajando nuestros encuentros fueron escasos, pues los periodos vacacionales suyos y míos no siempre coincidían en fecha y lugar, aunque siempre hubiese relación telefónica. Fue más tarde, cuando centró su domicilio en Villar definitivamente, cuando tuve ocasión de pasar tardes enteras charlando con ellos. Fue entonces cuando conocí en todo su valor la exquisitez de su personalidad, su inteligencia para valorar las cosas importantes de la vida pública de las que cambiarían al poco tiempo, su sensibilidad hacia los desprecios ajenos, aun cuando los disculpaba por las ocupaciones o por la edad que "suele ser muy inconsciente". Arcadio y Esther supieron hacer una vida sencilla, volcada en el disfrute de la naturaleza y del jardín en que convirtieron su hogar y tener siempre la puerta abierta para envolver en cariño a quien llegase a su casa. Siempre estaba dispuesta a atender la necesidad de quien se acercase, y cuando solo se iba a saludarles era tradicional el descorche de la botella de sidra que nunca faltaba en los ratos de charla si era verano, o de vino ribeiro si era invierno.

Arcadio, en su sencillez, ha sabido ser en todo momento el apoyo en sus dudas, el sosiego en sus arranques de energía, y su punto de equilibrio cuando se sentía incomprendida.

¿Qué más puedo recordar de Esther? ¿Recordar o decir? Hasta ahora he reflejado sobre todo los recuerdos, aunque se note en ellos el cariño que la tengo.

Falta dejar que hable el corazón, que no necesita razones para quererla, que no necesita detallar virtudes para admirarla, que no necesita comparar riquezas para envidiarla.

Porque eso era ella, una persona con vida plena, vivida con intensidad por la que merece la mejor de las envidias; llena de energía, coraje, sensibilidad y cariño hacia todos, valores que la han hecho admirable; llena de amor hacia todos los que estuvimos cerca de ella, y yo junto a Isabel y mis hijos tuvimos la fortuna de ser elegidos, razón por la cual la tendremos siempre en nuestro recuerdo más encumbrado, aun con el pesar de haberla perdido, pero con la esperanza de encontrarla en el Cielo.

Tú no has muerto, Esther. Tu esfuerzo ha dado el ciento por uno de resultados, y tu cariño ha dejado cien corazones enamorados de ti. Enhorabuena. Descansa en Paz.

Antonio Fernández

Uno. Presentación

Mi nombre es M.ª Esther Fernández Fernández. Hija de Manuel Fernández y Leonor Fernández. Hermana de Domingo, Hilario, Trini, Martina, Mateo y Florentina. Nací el 15 de marzo de 1933 en Villar de Mazarife[1], León.

Según me contaron, nada más nacer quise abandonar este mundo, debe de ser que me resistía a iniciar mi andadura terrenal. Mi padre me contaba que estuve unos minutos como muerta nada más nacer, pero que en el altísimo no me quisieron y me mandaron de vuelta; así es cómo llegué a este mundo, una fría y soleada mañana de marzo en el seno de una familia humilde de labradores; yo era la última de siete hermanos.

Mi pueblo era un desierto, el páramo leonés vivíamos de la agricultura, pero sus tierras eran

---

[1]Población ubicada en el Páramo leonés. Debe sus orígenes a Mazaref, cabeza de una ilustre familia de mozárabes cordobeses.

muy pobres al carecer de lo principal: el agua. Debo de decir que esas llanuras infinitas y ocres tienen su encanto y aún a día de hoy me hipnotiza mirarlas. Es de una gran belleza para mí presenciar un atardecer. Ver cómo el sol se prepara para ir a dormir y da paso a su amada luna con un sinfín de colores que se funden en el horizonte. Parece que en ese momento mágico va a aparecer en esas inmensas llanuras don Quijote y su fiel amigo Sancho a lomos de sus corceles y dispuestos a luchar contra las injusticias.

En la infancia. viví algo muy desagradable Tenía tres años cuando empezó la guerra civil en España en 1936. De esta etapa casi no recuerdo nada, pues mi corta edad me lo impedía. La posguerra ni la recuerdo, aquello fue horroroso, se pasó mucha hambre y mucha miseria. Yo recuerdo que nos daban una barrita de pan muy pequeña y el pan era tan negro y malo que ni los perros lo comían. Mis padres eran labradores y el pan se hacía en casa, pero no nos dejaban ir a comerlo a la calle; los niños del pueblo no tenían pan y podían quitártelo si no ibas con cuidado. Todos los niños del pueblo teníamos piojos y sarna. Mi madre nos decía: «no arriméis las cabezas a otros niños y venir pronto para casa, nada más salir de la escuela», nos lavaba la cabeza, nos echaba una pomada para la sarna y nos íbamos al campo a coger hierba para alimentar a los cerdos y las vacas. Mi amiga Aquilina y yo éramos inseparables. Si alguna vez teníamos alguna golosina nos la repartíamos, como excelentes amigas que éramos.

Mi buenísimo padre, de noche, iba a moler trigo a un pueblo a unos diez km, estaba todo tan vigilado que si los guardias te pillaban te lo quitaban y te trataban muy mal y corrías el riesgo de que te dieran una paliza. Si los guardias eran buenos hacían que no veían nada y te dejaban llegar a casa.

Ya teníamos harina, ya nos podía hacer pan mi madre, y aquel día, olía la casa a pan recién horneado y comíamos unos pedazos hermosos que mi madre nos untaba con tocino y nos sabía riquísimo.

También tengo un desagradable recuerdo del estraperlo cuando venían las pobres mujeres de la cuenca minera de Asturias a comprar al pueblo para dar de comer a sus hijos y un guardia muy malo les daba unas palizas terribles y se lo quitaba todo. Aquello era horroroso, dios quiera que nunca se vuelva a vivir aquel infierno. Todos estos recuerdos de mi infancia los guardo en mi corazón.

Desde muy niña siempre quise ser monja o maestra. Un día le dije a don Eduardo (que así se llamaba el sacerdote de Villar de Mazarife) que quería ser monja e ingresar en la orden de los sagrados corazones de Jesús, me dijo que lo veía muy bien si tenía verdadera vocación. Se lo dije a mis padres y se opusieron terminantemente. Yo sufrí mucho al no dejarme marchar al convento. Al ver que yo sufría, me dijeron que, si quería ser maestra, lo veían muy bien. Tenía diecisiete años cuando pasó todo esto, al fin hice ingreso y comenzó el primer año.

Como he mencionado anteriormente, nacía antes de comenzar la guerra civil española y, por tanto, mi infancia trascurrió en la posguerra. Desde mi inocencia de niña y a pesar de trascurrir en unos tiempos convulsos, fui una niña feliz. En mi casa, muy humilde, una casa de siglos de antigüedad, hecha de adobe con el típico portal de las casas castellanas, el establo para las vacas, las gallinas corriendo por la cocina, sin baño ni agua corriente, nada más que un pozo que solo utilizábamos para lavar, ya que el agua no era potable y teníamos que ir a la fuente que afortunadamente estaba detrás de casa. La cocina con el suelo de tierra y una cocina de leña para calentarnos era el punto neurálgico de la casa. La vida transcurría en la cocina. Aún recuerdo, y parece que veo a mi madre, siempre vestida de negro y tan delgada, trajinando por la cocina. Era una experta cocinera, tenía una habilidad especial para los fogones; unas simples patatas guisadas, sin nada, parecía que llevaban carne y la carne era un lujo que solo comíamos en las fiestas, Año Nuevo y la Octava. Parece que aún estoy saboreando la rebanada de pan untada con tocino, cuando había, y si no con un trozo de cebolla para merendar. Aquello era gloria bendita, cuando llega de la escuela y me estaba esperando con la merienda y un caldero para ir a recoger hierbas para los animales. Mi compañera e inseparable amiga era Aquilina la Montota. Éramos uña y carne, salíamos de la escuela, recogíamos la merienda y a recoger, hierbas para los animales. ¡Maravillosos recuerdos de infancia!

Algo que me ha marcado, es la caridad y humanidad de mis padres. Éramos una familia de labradores muy humildes, pero en mi casa siempre había algún viajante, arriero o caminante. Recuerdo que mi padre les dejaba meter los caballos y el carro, si llevaban, en la cuadra y siempre se les encontraba un hueco para dormir en casa.

Dos. Mis años de estudiante

Guardo unos estupendos recuerdos de mis años de estudiante. Hubo de todo, hay que tener en cuenta que yo con diecisiete años no había salido jamás del pueblo. Como mucho acompañaba de pascuas a ramos a mi padre cuando iba de compras a León. Yo era bastante infantil y recuerdo que era alta y delgadísima, los chicos del pueblo me llamaban patas de alambre. Pues bien, con diecisiete años me fui a estudiar a León capital. Recuerdo que nos acompañó mi padre a Marucha y a mí, las dos comenzábamos magisterio y necesitábamos un lugar donde quedarnos.

Rememoro como si fuera ayer a mi padre cada vez que iba a vernos. Envuelto en una capa negra y con su cesto de mimbre cargado de verduras y exquisita comida cocinada por mi madre.

Nuestra primera patrona fue una señora que nos tenía todo el santo día rezando el rosario. Nos marchamos de allí porque era o estudiar o rezar. De esa casa nos fuimos para otra que era más tacaña que la virgen del puño, no nos dejaba utilizar el agua caliente. Recuerdo que un día, mientras estaba en misa, Marucha dijo que se iba a lavar los pies, pero llego antes de tiempo y solo le dio tiempo a lavarse uno. La señora en cuestión parecía que tenía un radar o que el altísimo con tanto rezo la ilumino que nada más entrar en casa fue directa al cuarto de baño a tocar el grifo del agua caliente, al comprobar que estaba caliente olvido su supuesta caridad cristina, sus golpes de pecho y nos puso de patitas en la calle con cajas destempladas a dos párvulas que a pesar de la edad así nos sentíamos.

Marucha terminó como interna en las teresianas y yo recale en otra casa con un matrimonio maravillo que no tenían hijos y que me trataron como tal, hasta tal punto que le propusieron a mi padre adoptarme, a lo que yo me negué en redondo. Mi familia era una familia de labradores de páramo leones, de ese páramo árido y estéril por falta de agua. Se pasaban muchas necesidades, pero no cambio a mi familia ni por todo el oro del mundo. Es lo más sagrado que tengo.

Mi siguiente y definitivo destino fue en casa de doña Emilia y don Florencio, para mí, mis segundos padres. Alquilaban habitaciones a estudiantes y allí conocí a Paquita y Alicia, nos hicimos grandes amigas, estudiamos los tres magisterios y las tres iniciamos nuestra carrera de magisterio en Asturias. Tengo que reconocer que fuimos un poco gamberras y que doña Emilia fue una santa con nosotras. Siempre recordaré un día que llenamos una caja de pastas de cáscaras de naranja, peladura de patatas, plátano, etc. Con sumo cuidado y mimo lo envolvimos y convencimos a una chica jovencita que acababa de llegar que se hiciera pasar por la dependienta de una afamada pastelería de León y le llevara el paquete, que tan bien habíamos preparado, a unos estudiantes de veterinaria que teníamos de vecinos, diciéndoles que era un presente de unas admiradoras. Fue tremebundo la decepción que se llevaron al abrir la caja y encontrar aquellos exquisitos manjares. Pero aún fue peor para su ego. Evidentemente, supieron que habíamos sido nosotras y menos bonitas nos llamaron de todo, eso sí, muy finamente.

Esos años fueron mis años de rebeldía, estaba despertando al mundo, no nos olvidemos que jamás antes había salido del pueblo y encima quería ser monja. Para mí todo era nuevo, un despertar y un autoconocimiento que comenzaba.

De esa época guardo un recuerdo tremendamente tierno. Comencé a ejercer de tía de mi querido Antonio. Recuerdo aquel niño que no había una enfermedad que pasara por él, tan sumamente inteligente y con esa mirada despierta y ávida de salir al mundo. Un día su madre, Isabel (descanse en paz) y a la que adoro, me comentó con gran pesar que le gustaría que su hijo estudiara, pero que no se atrevía a mandarlo solo fuera por la fragilidad de su salud, fue entonces cuando se me ocurrió que podía venir conmigo y hospedarse en casa de doña Emilia de esa forma no estaría solo. Fue dicho y hecho, Antonio se vino conmigo para León y fue una época muy bonita. Recuerdo una anécdota que muchas veces se la recuerdo, los problemas que me daba a la hora del baño. Doña Emilia y don Florencio tenían una hija de edad similar a Antonio, Maribel, vivaracha, con una gafitas y adorable, pero muy diablejo, le encantaba provocarlo y cada ver que le tocaba baño no había manera de quitarle los calzoncillos, ya que decía que Maribel le veía el culo. Maribel cuando sabía que lo iba a bañar se subía a un taburete y se asomaba por un ventanuco por el que no podía ver nada y empezaba con la musiquilla «te veo el culo, te veo el culo». Quien les iba a decir en aquellos años que terminarían siendo marido y mujer.

Tres. Comienza la Andadura

El 29 de septiembre de 1958 ya tenía el título de maestra y mi primera escuela; cursé mis estudios en el Instituto y en la Escuela de Magisterio de León. Tenía veinticuatro años. Aquí en León había pocas vacantes y decidimos pedir plaza en Asturias, Alicia, Paquita y yo. Nosotras como novatas, no sabíamos que, en el título de posesión, había que poner tantas pólizas, y como llevábamos muy poco dinero se nos fue casi todo en pólizas.

El director provincial de Educación y Ciencia de Oviedo, don Ángel (gran señor), era muy bueno; nosotras le dijimos: «venimos de León, es nuestra primera escuela, queremos si puede ser el mismo concejo». Él nos dijo: «entonces, jovencitas, a las brañas[2] de Tineo[3].» Nos dio el título de posesión y sin demorar nos fuimos a tomar posesión al ayuntamiento de Tineo.

Como teníamos el dinero contado, tuvimos para ir y venir luego a Oviedo. Fuimos a dormir a una fonda, pero no cenamos porque no teníamos dinero, luego nos dijo la señora de la fonda ¿no desayunáis? Yo le hablé con sinceridad y le conté nuestra historia. Ella dijo: «¡Pobrecitas! ¿Por qué no me lo dijisteis anoche? Tenéis cara de buenas e inocentes: desayunar, comer y cuando vengáis para el pueblo me lo pagáis, ¿de acuerdo?» «Gracias, señora, es usted un encanto», le contestamos agradecidas.

Llegamos a Oviedo y nos decidimos a montar en el tren para venir a nuestras casas, por las maletas. Muchas carreras dimos por aquel tren y el revisor no nos pidió el billete porque nunca nos encontró.

Al día siguiente me fui para mi escuela. Mi primer pueblo fue Eiros[4]Tineo. Llegué a las ocho de

---

[2] La zona pasiega, es el nombre que en la cordillera Cantábrica recibe la zona de montaña donde el ganado aprovecha los pastos tardío.

[3] Concejo situado en el occidente de la comunidad autónoma del Principado de Asturias, también es una parroquia y una villa de dicho concejo.

[4] Es una localidad del concejo de Tineo y perteneciente a la parroquia de San Félix.

la noche el treinta de septiembre de 1958. En Tamallanes tuve que dejar mis maletas en una casa, pegando a la carretera e ir caminando unos 2 km al pueblo donde tenía mi escuela; en Eiros pasé miedo yo sola por el camino la primera vez que pisaba aquellas tierras y no conocía a nadie. Llegué al pueblo ya de noche, vi una casa muy buena y me acerqué a ella. Llamé y salió una señora, me presenté y le dije que era la maestra y que por favor me indicara dónde podría hospedarme. Ella me dijo que en la casa escuela, yo le dije: «señora, no conozco dicha vivienda, por favor déjeme entrar en su casa esta noche y mañana ya veré lo que hago». Me vio tan deprimida y con lágrimas en los ojos que me dijo: «pase». Le conté que había dejado mis maletas en Tamallanes y envió al criado a buscarlas.

La señora Encarnación, que así se llamaba, me preparó una tortilla francesa y me dio una tacita de café. Al hablar con ella vi que era una señora de mundo y me contó que había venido de Cuba. Esperamos que llegase el criado con mis maletas, me preparó la cama y me acosté. Estaba muy cansada, pero dormí muy poco. Se corrió por el pueblo que la maestra había llegado y los niños fueron a buscarme y nos fuimos a la escuela. La señora Encarnación me dijo: «viene a comer y yo veremos qué hacemos». Comí en su casa y a la salida de clase por la tarde me dijo: «usted no gana para pagarme el hospedaje (ganaba 15.700 pts al año) así que se va a vivir a la escuela, duerme en mi casa y come en la escuela, yo la acompaño a comprar unos cacharritos, a casa de mi hermana que tiene tienda y esto». Al día siguiente fregué la casa y allí hacia la comida.

Aquí me pasó algo que no me gustaba que hubiera ocurrido. A mi escuela pertenecían otros dos pueblecitos, Tamallanes de abajo y Tamallanes de arriba. Estos pobrecitos tenían que venir lloviendo, nevando y con un sol abrasador; también ocurrió que dos señores (uno era Portos y el otro uno de Erios), se decidieron a dar clases clandestinas, creo a sus clases iban niños que habían dejado la escuela.

El sacerdote y mi compañera Nati, que daban clase en San Felisa y allí estaba la iglesia y su escuela, me dijeron que por qué consentía que unos paletos dieran clase y que los denunciara. Yo dije que no lo haría, pero Ramón (que era el sacerdote los denunció) yo sin saber nada. Un día recibo una carta del inspector jefe diciendo que si en término de doce horas no comunico las escuelas clandestinas que hay en la zona que me pertenece que me atenga a las consecuencias. Yo, a correo seguido, comuniqué los señores que daban clase en Eiros y Tamallanes. Mi sorpresa fue terrible cuando el domingo, que yo había ido a misa, aparecen los guardias en el pueblo y preguntaron a la vecina por los señores que daban clase. Ella les dijo que yo estaba en misa y el señor Eliseo también. Fueron a la iglesia y a la salida lo detuvieron. La mirada que me echo fue de muerte. Luego fueron por el otro señor a Tamallanes y creo que los tuvieron en la cárcel. Yo, pase un gran disgusto, pero no iba a perder mi carrera por encubrir a dos paletos que no sabían ni enseñar.

«La estuvimos esperando que bajara para ir a dormir a casa de la señora Encarnación. Nuestra intención era matarla, pues veníamos con ganas de venganza. Ya ve, si cometemos ese crimen habíamos matado a una inocente». Yo le contesté que solo hice que obedecer a mi superior.

«Bueno, pequeños, yo soy vuestra maestra, y vamos a ser muy buenos amigos. Quiero que en mí veáis a la madre, a la maestra, a la amiga». Aquellos niños estaban muy faltos de cariño y muy atrasados. Me entregué de lleno a ellos y les di todo. Estuve tres cursos con ellos y me fui muy orgullosa porque dejé hombres y mujeres preparados para enfrentarse con la realidad de la vida.

✕ VEGA DE REY

Mi segunda escuela fue Vega de Rey[5] (Tineo). Tomé posesión y me incorporé a mi trabajo el 13 de octubre de 1962.

La escuela estaba fatal, rotas las tablas y la vivienda de verdadera pena. No se podía vivir allí. Estaba peor que una de las cabañas que tenían por los puertos.

Encontré el mismo problema, nadie me quería hospedar. Se disculpaban diciendo que no tenían habitaciones. Yo les dije: «lo siento mucho. Se quedan ustedes sin maestra, me voy para Oviedo y le diré al Sr. delegado que no encuentro hospedaje en el pueblo y la casa habitación de la escuela está muy mal y no se puede vivir». Al ver que me iba una señora grito:

—Pobre *mozina* tan guapina y tiene corte de enseñar bien ¿Vais a consentir que se vaya? No, y no. Usted se queda y va para casa de Fina que tiene todas las comodidades y tiene habitación-.

Fina era una señora muy paleta, nunca había salido del pueblo, pero su padre había estado fuera de España y al traer dinero hizo una casa hermosa.

---

5 Es una localidad del concejo de Tineo.

Fina dijo: «no de eso nada. Me parece una moziquina muy señoritinga y no la quiero en casa». La señora que habló le dijo: «tienes dos hijos ¿Te gustaría que tuvieran que salir a ganar la vida como esta mujer y les hicieran lo que tú le estás haciendo?» Yo le dije: «no tema señora, nos vamos a entender muy bien, yo como de todo y le voy a ayudar en los quehaceres de la casa en mis horas libres».

—Si es así, y como me educa y va a enseñar a los neños, puede venir.

Pedí a las mamas de los niños que me ayudaran a limpiar la escuela y a ponerlo todo en orden, y ellos, muy majos, me ayudaron. Después de hacer una gran limpieza por la tarde empezamos la clase. Esa tarde consistió en darme a conocer a los dieciocho niños y niñas. Escuela mixta y de todas las edades. Les dije: «si tenéis algún hermanito pequeño de tres y cuatro añitos pueden venir». Les repartí unos confites y caramelos, les di un beso y llegó la hora de irse a sus casas.

Al día siguiente, antes de empezar la clase, hablamos como amigos y les dije: «¿qué os pasa pequeños?, ¿por qué estáis nerviosos?» Una niña de trece años me dijo: «es que la maestra que marchó nos pegaba mucho. Estaba enferma de los nervios y cuando se enfadaba nos pegaba con un palo».

«Pobrecitos, yo nunca pego a un niño, los palos son para los burros malos; yo os daré mucho cariño y mucha comprensión y os enseñaré muchas cosas, llenaré vuestras hermosas cabecitas de todo lo necesario para que salgáis hombres y mujeres formados. Seré vuestra amiga, vuestra maestra. Quiero que en mí depositéis toda vuestra confianza y si tenéis algún problema me lo contéis para ayudaros».

Llegó el frío, teníamos una estufa de leña muy deteriorada, y yo no quise pedir nada a los padres, pues el ayuntamiento no daba ni para comprar una escoba. Les dije a los niños que teníamos que ir a buscar leña. Ellos me dijeron: «El tío Pepe tiró un pinar y hay muchos pinos. Podemos ir allí». Le pedimos permiso y recogimos unos veinte sacos de piñas y un montón de leña que tuvimos para tirar en los días fríos, pero como la estufa estaba rajada salía el humo y olíamos fatal.

Yo trabajaba muchísimo, no miraba horas. Encontré a los niños muy atrasados, les decía: «traer un bocadillo y decir a vuestros padres que saldremos muy tarde, hay que estudiar mucho y ganar lo perdido». A los dos meses no eran ni conocidos, habían progresado muchísimo.

Un día de finales de diciembre, próximo a las vacaciones de Navidad, hacía un frío terrible, había nevado, yo con unas anginas terribles fui a dar clase. Encendimos la estufa con el humo que echaba, pero aguantábamos el humo antes que el frío. Yo me encontraba mal y los niños me dijeron: «vaya para la cama, tiene muy mala cara», pero a pesar de todo me puse a explicarles la flor. Tenía una flor en la mano para que vieran con claridad cuáles eran los pétalos, sépalos, etc. Llaman a la puerta (eran las once de la mañana) y cuál fue mi sorpresa al ver que era el inspector (el Sr. Mendoza). Yo que nunca había tenido visita de inspección me puse tan nerviosa que se me cayó la flor al suelo y el Señor Mendoza me dijo: «continúe explicando».

Escuchó mi explicación. Miró los cuadernos de los niños, revisó todo el papeleo que hay que llevar en una escuela y terminó diciéndome: «Señorita M.ª Esther, veo en el poco tiempo que usted está al frente de esta escuela un adelanto progresivo en los niños, y una educación muy esmerada. Observo que ha trabajado muchísimo».

Empezó a preguntar a los niños de todo y le contestaron tan bien que me puso un informe maravilloso y me dijo: «si alguna vez la necesito para ir a una escuela de mi zona la llamaré, es más, cuando usted tenga otra escuela pasé por la inspección para comunicármelo».

Los niños le dijeron que me querían mucho y nunca querían que me fuese. Al marchar me dijo: «cierre la escuela, métase en la cama, se ve que tiene fiebre y le cuesta hablar».

Aquella tarde ya no pude ir a la escuela. Tuve que estar unos días en cama. Las madres de los niños me querían mucho y todos me llevaban huevos, manteca, chorizos, manzanas y Fina (donde me hospede, me quería como una hija). Aquellos niños eran maravillosos ¡Nunca los olvidaré!

✂ LA RIERA – COLUNGA

Esta fue mi tercera escuela. Al ser interina, casi todos los cursos teníamos que pedir escuela. Fui por la Delegación de Educación y Ciencia y me encontré con el Sr. Mendoza. Después de saludarme muy atento me dijo: «tiene vacante en la Riera[6] de Colunga[7], es una escuela preciosa y muy cerquita del mar. Me gustaría que la pidiera».

Con tan buena suerte que la pedí y me la dieron. Cuando tomé posesión y fui a verla, (nos daban tres días) quedé encantada. Era una escuela creada por unas americanas hijas del pueblo. Era unitaria, también había escuela de niños, ocupada por D. Juan. Tenía un patio grande con muchos jardines y árboles de muchas especies, rosales de todas clases que caían sobre las ventanas despidiendo ese olor que emanan las flores tan agradables de rosal y otros maravillosos de muchas clases. Estaba el mapa de España, el del mundo, y el de Asturias esculpidos en el suelo. Sus piedras hermosas formaban las naciones, provincias, pueblos. Era toda una obra de arte. La escuela estaba un poquito deteriorada. Luego había otro

---

[6] La Riera es una parroquia del concejo de Colunga, en el Principado de Asturias.
[7] Es un concejo de la Comunidad Autónoma del Principado de Asturias, España, una parroquia de dicho concejo y una villa comprendida en dicha parroquia.

patio interior, en él estaban unas diez duchas, lavabos y servicios. Hubo algún tiempo que iba sección femenina en verano con los niños. También había flores y césped. Quede encantada.

Yo ya había hablado con el maestro y le dije que donde me podía hospedar. Él y su mujer, Maruja, me dijeron que si quería podía quedar con ellos, me enseñaron la habitación, me gustó y les dije que sí, pero que había ido con lo puesto a conocer el pueblo. Tenía que ir a León a buscar mis cosas. Llegué a Villar (mi pueblo natal), les conté a mis padres que tenía una escuela hermosa y muy cerquita del mar, se alegraron mucho. Aquella noche hice mis maletas, y como siempre solita por el mundo (ellos nunca me acompañaron), siempre me enfrenté a todo, luché y salí adelante.

Tenía veintidós niñas de todas las edades. Desde el primer momento simpatizamos y las quería y me querían mucho. Yo trabajé incansable, no miraba horas. Como tenía niñas mayorinas les enseñe a bordar e hicimos una mantelería hermosa a punto de cruz. Ellas me decían: «¿para qué es?» «Sorpresa. Ya lo veréis. Lo principal que nos quede bien». Una vez terminada les dije: «como veis pequeñas, la escuela está muy deteriorada, las paredes muy sucias y los pupitres. Vamos a rifar la mantelería. Compraremos un pollo, haremos papeletas, las venderemos y con lo que saquemos pintaremos la escuela, fregaremos los pupitres y el suelo, les daremos cera y estará todo hermoso ¿Qué os parece?»

Sacamos dinero suficiente para pagar al pintor, comprar cera y después de fregar bien la escuela que estaba de tabla, le dimos cera y a los pupitres. Todo quedo hermoso y brillante. Parecía otra y las madres, al ver lo que habíamos trabajado en horas fuera del horario escolar, no paraban de alabarme. Decían: «¡qué labor más maravillosa!, no hay escuela más hermosa en el concejo», y era verdad que no la había.

Las niñas me adoraban y yo a ellas. Después de hacer este trabajo, a la salida de clase íbamos todas juntas a Colunga a dar un paseo, los días buenos a la playa y otros a la montaña.

El maestro don Juan, que era muy envidioso, empezó a hacerme la vida imposible. Su esposa, Maruja, me decía: «no le haga caso. Es envidia todo».

Pero ya no me encontraba a gusto en su casa y como tenía vivienda, pero me la tenía él ocupada por pollitos pequeños; tenía granja y una finca grande que me pertenecía, pero como yo no la sembraba se la deje para ellos.

Le pedí al Ayuntamiento que me pintasen, aunque nada más fuese la cocina, el pasillo, el baño y una habitación. El alcalde me dijo que procuraría complacerme y que expondría mi problema a los concejales. Como ya se habían enterado de la labor que hice en la escuela y no les pedí una peseta. El alcalde fue a ver la escuela, quedó maravillado y me dijo: «le pintaremos la vivienda y le diré al maestro que saque los pollos y la deje libre, desinfectada y fregada».

Aquello le cayó como un tiro, me dijo que me fuese de su casa. Una vez que la vivienda estuvo pintada, compré lo más necesario y Laly, mi sobrina, vino conmigo para la escuela. Laly vivió días felices conmigo. Pero la envidia, como es lo peor, el maestro empezó a lanzarme anónimos a la Inspección diciendo de mí cosas horrorosas. Un día, yo entraba a las 9:00 de la mañana, tenía a los señores Medina. Eran matrimonio de inspectores de la zona. Estuvieron toda la mañana conmigo, no dejaron ni un papel sin mirar: Preguntó a todas las niñas, y al ver lo preparadas que estaban y que todo lo tenía en orden, y al ver que estaba tan limpia, tan pintada y cada niña tenía en los pies sus bayetas, me dijo: «Srta. M.ª Esther, he quedado sorprendida de su labor». Las niñas le dijeron que todo lo habíamos hecho nosotras, que el ayuntamiento no nos había dado nada, y me dijo:

«Siga trabajando así. Mujeres y maestras como usted son lo que se necesitan. Ahora voy a ver al maestro. No tema por nada, veo que es un mal hombre. Tenga cuidado con él». Aquí estuve dos cursos y me llevé el amor de mis niñas y del pueblo que me adoraban. Las recuerdo como a mis queridas alumnas muy entrañables.

✣ SOTO DE LA BARCA

Mi cuarta escuela fue Soto de la Barca[8] (Tineo). Esta era una escuela de patronato, aquí fui propuesta por el patronato por el ingeniero jefe.

Estaban haciendo la térmica de Soto de la Barca. El Sr. Mendoza, inspector de la zona, fue el que le mando que me propusiera que me conocía e iban a estar contentos conmigo. Así fue me propuso el patronato, me nombró la Delegación de Educación y Ciencia, me dio el título de posesión y a ejercer mi carrera con veinticuatro párvulos. Como había ingenieros americanos e ingleses, tenía niños de esas naciones. No sabían español, pero lo aprendieron muy pronto. Eran un encanto de criaturas. Margarita, mi compañera, tenía los niños

---

[8] Es un pueblo de la provincia de Asturias, perteneciente al ayuntamiento de Tineo.

de 1º, 2º, 3º. Estábamos hospedadas en la residencia donde estaban ingenieros, peritos, y nosotras Era hermosa, muy señorial y las habitaciones completas, como un buen hotel. Ángel, así se llamaba el que administraba la residencia. Había cuatro muchachas y una cocinera.

después de comer pasábamos a un salón hermoso a tomar café y en invierno encendían la chimenea de estilo francés, y al lado del fuego leíamos, veíamos la tele o charlábamos.

El ambiente en que nos desenvolvíamos era señorial y teníamos que estar arregladitas a la hora de comer y cenar. Recuerdo que había un ingeniero de Florida, no hablaba español, pero le gustaba comer en nuestra mesa. Siempre con el diccionario y se lo traducíamos. Era un señor de unos 60 años. Un padrazo y abuelo, nos enseñaba las fotos de sus hijos y nietos. El intérprete de los ingenieros que no hablaban español, era de

Villamayor[9](Arriondas). Muchos días comía en nuestra mesa y así nos era más fácil sostener una conversación con dicho ingeniero.

---

[9] Villamayor, una parroquia del concejo asturiano de Piloña.

Pasamos un curso hermoso y conocí gentes de culturas distintas y con las cuales podías hablar de todo. Los hijos de Luna, era una danesa hermosa, casada con un ingeniero mayor que ella. Le hacía sufrir mucho porque era muy celoso. Era una mujer perfecta y tenía a dos hermosuras de niños de cinco y tres años que iban conmigo a la escuela. A la salida de clase iban corriendo para la residencia. Estaban más horas a mi lado que con su madre. Eran unos niños adorables.

El vivir este curso con estas gentes fue una experiencia maravillosa. Terminó el curso y a conocer otras gentes. Mis párvulos eran dulces, mimosos, encantadores. Era una delicia estar con aquellos angelitos, tan llenos de vida. Hoy hombres y mujeres.

SERVICIO DE LA INSPECCIÓN

El curso 65-66 estaba al servicio de la Inspección de Enseñanza Primaria y esta me mandaba donde me necesitarán. Fui a Cazo[10] (Ponga)[11]. La maestra estaba bajo expediente y hasta que se resolviera no podía

[10] Es una parroquia del concejo de Ponga. Asturias.

[11] Ponga es un concejo de la comunidad autónoma del Principado de Asturias. Situado en el área sureste de la región.

a ejercer su carrera. No estaba bien de la cabeza y hacia cosas terribles. El pueblo fue maravilloso con

migo y los niños encantadores, con M.ª Luisa que así se llamaba la maestra propietaria, tuve que luchar mucho y hacerle ver que yo no le quitaba la plaza, que era mandada por la Delegación. Que era su compañera y amiga, no su enemiga. Muchas veces me decía que me fuera. Cuando se resolvió el expediente la desterraron y yo fui propietaria.

GRAMEDO. CABRANES

El curso del 66-67 estuve en Gramedo[12]. Era una escuela mixta, aquí me encontré muy bien, no tenía comodidades en la casa donde me hospedaba, pero era un pueblo buen y los niños encantadores. Aquí también me visito la Señora Medina, doña Asunción. Inspectora que me había visitado en La Riera (Colunga), y como vio como llevaba la escuela se limitó a hablar conmigo. Preguntó a los niños algo de todo y se fue. Recuerdo que teníamos unas flores hermosas que habían traído los niños y se las dimos. Termino el curso y a otro pueblo.

---

[12] Es una parroquia del concejo de Cabranes en el Principado de Asturias.

✂ LLANO DE CON – CANGA DE ONIS

El 17 de octubre del curso 1967 tomé posesión de esta escuela. Este pueblecito, Llano de Con[13], dista de Cangas de Onís[14] unos 12 km. Tenía la vivienda y la escuela de nueva creación. Llevé mis muebles y fui a vivir a la casa habitación. La escuela la tenía abajo y la vivienda en el 1º piso. Mi sobrina Laly fue conmigo y así se me hacía más agradable las horas fuera de horario escolar porque me hacía mucha compañía.

La escuela era mixta y los niños y sus habitantes maravillosos. Yo como en todas las escuelas lo di todo por mis niños y después del horario escolar les ensayé una obra de teatro. Me pasaba con ellos horas, nos daban las nueve, las diez de la noche y seguíamos ensayando.

Al fin llegó el día que se representaba la obra de teatro Ceremonia Eficaz. Marichi cantaba la Violetera, Rosita bailaba. Los chiquitines representaron una comedia infantil, etc. Fue un éxito tan grande que vendimos tantas entradas que no cabían en la escuela. Luego rifamos un cordero y después llevamos un músico asturiano y los jóvenes bailaron en el patio de la escuela y la gente

---

[13] Es un pueblo del concejo de Cangas de Onís, situado a orillas del río Tabardín.

[14] Es un concejo de la comunidad autónoma del Principado de Asturias.

del pueblo hasta las dos de la mañana. Los pueblos vecinos nos decían que teníamos que ir a representar la obra de teatro. Yo no quise, me tenía que desplazar con mis niños, y los había muy pequeños.

Lo volvimos a representar dos veces más en el pueblo porque nos lo pidieron y sacamos unas buenas pesetas. Con ese dinero los llevé a Santander, pues no conocían el mar. Recorrimos la costa asturiana y aún nos sobró para poder conocer León. Las madres dijeron que los niños ya habían visto mucho y no insistieron porque podría pasar algo, viajando tanto, pues todo había salido muy bien.

El papá de Marichi se le daba muy bien la poesía y me hizo muchas que aún guardo con mucho cariño. Yo estaba tan contenta de haber logrado que aquellos niños estuvieran formados, de llevarlos a conocer tierras hermosas, el mar, me decían ¡Qué hermoso es el mar! Sí, hijitos, la obra de Dios es grandiosa. Ellos me decían esta primera impresión de este mar tan bello, jamás lo olvidaremos, como nunca jamás te olvidaremos a ti. Nos diste tu cultura, nos formaste para poder caminar por el mundo, nos distes ese amor, cariño y comprensión.

Al ser interina me tuve que ir. Aquellos niños lloraban desesperadamente al igual que sus padres y yo. Todos me despidieron llorando y les prometí que jamás los olvidaría y que volvería a verlos. Hoy están casados y tienen hijos, pero estoy segura de que inculcaron a sus hijos todo lo que yo les enseñé, fue solo un curso; pero hice mucho, los formé para una vida. Estoy muy satisfecha de mi labor profesional y estoy segura de que en ese curso aprendieron a valorarse unos a otros, a pensar, a conocer, a indagar...

✂ BIERCES. PILOÑA[15].

En este pueblo estuve un curso, no encontré problemas, y el curso pasó rápido. Cuando podíamos nos juntábamos los compañeros en Infiesto cambiábamos impresiones y todo era agradable.

✂ CUESTESPINES[16]. BIMENES[17]

Llegué a este pueblo el ocho de octubre de 1968. No me fue difícil encontrar dónde hospedarme. Pregunté en el pueblo y me dijeron

---

[15] Es un concejo en la zona oriental del Principado de Asturias.

[16] Es una localidad del concejo de Bimenes y perteneciente a la parroquia de San Emeterio.

[17] Concejo de la Comunidad Autónoma del Principado de Asturias.

que en casa de la señora Mercedes y Daniel habían estado la maestra anterior. Una señora me acompañó a casa de estos señores, me presenté y le dije que si podía quedar con ellos. Me dijeron que sí. La habitación era buena y la vivienda construida a la entrada del prado.

En primavera era hermoso porque rodeados de vegetación, plantas y oír el canto de los pájaros, de los grillos, respirar el olor de los pinos.

Era escuela mixta construida en la cuna de una pequeña montaña. Los niños encantadores. Estudiábamos la naturaleza, jugábamos, comíamos nuestra merienda, bajo la sombra de los árboles y veíamos revolotear los pájaros de árbol en árbol, y contemplábamos el agua cristalina de aquel pequeño río, sentados en las piedras grandes del río. Era una maravilla como me querían los niños y como disfrutábamos de todo esto

Hacía dos años que era novia del que es ahora mi esposo. Mi esposo era electromecánico de Hunosa. Los domingos iba a verme y salíamos a pasar el día a Oviedo. Terminó el curso y les dije a mis niños que me casaba en mi pueblo natal el quince de agosto.

El último día de clase les di una buena merienda, y cuál fue mi sorpresa, que todos, los diecisiete niños y niñas me hicieron unos regalos buenísimos. Para poder traerlo para mi casa de León tuve que pedir un taxi.

Cuatro. La boda

Y llegó el día. El 15 de agosto de 1970 me casé con el hombre más bueno y maravillo del mundo, Arcadio. Han sido unos años maravillosos y solo espero que tenga vida para disfrutar muchos más a su lado. El unir y compartir la vida con la persona que amas es algo muy especial e íntimo.

Me casé en el pueblo que me vio nacer y en el que estuve los primeros diecisiete años de mi vida. La ceremonia se celebró en la iglesia de Villar y el banquete en casa de mi tío Pedro, que tuvo la generosidad de cederme la parte de debajo de su casa. Un local enorme donde guardaba los utensilios de labranza. Mis hermanos, sobrinos y toda la juventud del pueblo se encargaron de acondicionarlo para celebrar el banquete. Recuerdo que a mi sobrina Ludi le callo una gota de pintura en un ojo y la pobre andaba con unas enormes gafas de sol. Todo el pueblo contribuyó con sillas, mesas y manteles para el banquete. Mis hermanos se ocuparon de matar un ternero, corderos y pollos. Para hacer el menú contraté un cocinero para que se hiciera cargo de la cocina.

La celebración duró dos días. Arcadio es asturiano, de la cuenca minera, concretamente de Tuilla, y sus padres, hermanos, sobrinos y amigos vinieron desde Asturias. Los amigos y sobrinos de Arcadio hicieron muy buenas migas con mis sobrinos y empezaron a celebrar la boda el día antes. Recuerdo el susto que se llevó mi padre y mi sobrino Javier cuando fueron a la cueva por el vino para la boda y la encontraron abierta. En un primer momento, creyeron que les habían entrado a robar y que no había vino para la boda, pero enseguida se dieron cuenta de que mi sobrino Lolo y resto de la pandilla asturleonesa habían ido a la cueva por vino y la dejaron abierta. Comenzaron a festejar el día antes y terminaron durmiendo entre la paja en la era de trillar el trigo, eso me contaron, ya que yo estaba en León para vestirme en casa de doña Emilia y antes de ir para la iglesia hacer Arcadio y yo fotos de estudio que tengo repartidas por la casa.

El día empezó bien hasta que el fotógrafo se retrasó en la sesión. Yo estaba de los nervios, no por mí, sino por mi madre que era muy mayor. Estaba tranquila porque la misa de la boda era nuestra. Don Cesar dio la misa del pueblo y posteriormente era nuestra boda, pero cuál fue mi sorpresa cuando entro en la iglesia y ya había empezado la misa de la boda sin los novios. Estuve a punto de dar media vuelta e irme a casar a la Virgen del Camino, pero miré a mi madre tan mayor, que pensé: «si lo hago le da un patatús». Así que me tuve que tragar mi indignación y continuar con lo poquísimo de misa que nos tocó escuchar, y para colmo no aparecían los anillos. Estaba tan nerviosa que no recuerdo como llegaron a nosotros y quien la tenía.

Otra anécdota de nuestra boda que recuerdo es cuando el vocalista de la orquesta que habías contratado para el baile, Los Topos, fue literalmente escaldado por mi sobrina Gelines. Estábamos cenando y mi sobrina estaba sirviendo la sopa cuando el pobre músico a tal tiempo intento levantarse y se tiró la sopera con la sopa hirviendo por la cabeza. Me acuerdo que era un chico con el pelo largo y rizoso y como le caían los fideos por el pelo y se mezclaban con los rizos. Mis hermanas salieron con él para el pozo, ya que no había agua corriente, y le metieron la cabeza en un cubo de agua para quitarle lo mayor ¡Menudo lío! Casi nos quedamos sin vocalista.

Cinco. Mis escuelas

✂ TUILLA[18]. LANGREO.

Aquí estuve tres meses. Era una sustitución oficial

✂ LAS PIEZAS. LANGREO.

Tomé posesión de dicha escuela el 14 de enero del 1971. Vivía en Tuilla, iba en el tren hasta Sama de Langreo y luego que lloviera, nevara o con un gran sol caminaba unos dos km todos los días. Pasó el curso sin ningún problema.

El 22 de octubre de 1971 nació mi hija. Una niña hermosa. Como toda mi familia y mis padres vivían en Villar de Mazarife, vine para casa de mis padres y la niña nació en la Residencia de León. Para mí era la niña más hermosa de todas las niñas. Ese curso no ejercí y me dediqué al cuidado de mi hija.

---

[18] Es una parroquia del municipio asturiano de Langreo.

Al curso siguiente pedí escuela y me fui con mi hija. Mi esposo, como dije, trabajaba en la mina, Hunosa, y allá me lanzo yo con mi hijita bebe.

Fue mi esposo conmigo a tomar posesión y conocer el pueblo. Era una verdadera braña, no querían subir ni los taxis, era un mal camino. Mi esposo me decía que renunciara, yo le dije que no, estos niños necesitan alguien que los forme, que se entregue de lleno a ellos.

Ese curso, era la delegación, quien te daba la escuela. Otros cursos de las vacantes elegíamos nosotros. Ese curso la delegación te enviaba donde ella quería.

A mí me dieron Vis[19] (Amieva)[20] ¡Dios mío! ¡Qué braña más horrible! Estaba no muy lejos los lagos de Covadonga[6]. Sus habitantes parecían que vivían lejos de la civilización. La escuela era buena y la vivienda, pero teníamos que soportar el olor desagradable de una cuadra de vacas, los cerdos que andaban por la calle y si teníamos la escuela abierta se nos metían dentro. Parecían que

---

[19] Localidad del concejo de Amieva y perteneciente a la parroquia de Mián.
[20] Concejo de la Comunidad Autónoma del Principado de Asturias.

aquellas montañas te aplastaban. Los niños estaban leyendo, y yo les decía: «qué haces?», decían: «anda, matar una pulga».

Mi sobrina Estherina estuvo conmigo y me cuidaba a mi niña, todo bien mientras estuvo ella, pero tuvo que marcharse para León. La necesitaban en su casa y me quede sola con mi bebe, mi hijita Sandra. Por fin encontré en el pueblo una chiquita que me la cuidaba. Resultó ser tan mala que no podía confiar en ella y para colmo nos levantó una calumnia tan grande la madre que el pueblo de momento lo creyó. Lo pusimos en conocimiento de la guardia civil y como no coincidía nada de todo cuanto ella dijo se archivó. El pueblo al saber la verdad le echó en cara su calumnia. Era muy Este pueblo fue una verdadera misión, no hace falta salir de España, pues en mi época había mucho que hacer, formar y enseñar.

CUDILLERO[21]

Desde que conocí el hermoso mar siempre soñé con un pueblo costero. El 1 de septiembre de 1973 tomé posesión en el colegio Asturamerica

[21] Es un concejo, parroquia y localidad del Principado de Asturias, Relevante puerto pesquero, durante los meses de verano es un importante atractivo turístico. Entre sus monumentos más destacados hay que citar la Quinta de Selgas, lujoso palacio del siglo XIX con amplios jardines y cuadros de Goya.

(Cudillero). Me parecía un sueño, el salto era maravilloso, de vivir en aquella misión a vivir en esta hermosa villa costera ¡Todo era delicioso!

Doña Piedad estaba muy enferma, yo le ayudaba en lo que podía, era una buena mujer y una gran compañera. Doña Maruja Noriega, era la directora de las escuelas Selgas del Pito[22]. Parvulista por oposición, toda una pedagoga compañera, toda una dama. Me la presento Felisa, nada más llegar a su casa, vi que era todo amor, compañerismo, dulzura, delicadeza. No tengo palabras para ensalzar a esta buenísima mujer. Quedé encantada del trato social, de su cultura, de su don de gentes, de su amabilidad, de su ternura. Jamás olvidé a esta hermosa y buena mujer. Sería maravilloso si en nuestro caminar por el mundo encontráramos seres como esta mujer.

A la salida de clase iba con Felisa al muelle a esperar a su esposo que venía de pescar. Paseábamos por el muelle. Era hermoso contemplar el inmenso mar, ver venir las barcas cargadas de pescado de muchas clases, ver como lo salaban, respirar aquel olor a mar, ver como las olas rompían en las rocas, cuando el mar estaba

---

[22] Pueblo perteneciente al ayuntamiento de Cudillero.

bravo y sus merluzas del pincho ¡Aún las estoy saboreando!

Este pescado tan fresco y tan sabroso solo se come en Cudillero, ¡Ay Cudillero del alma! Como añoro tu mar, tus gentes de pescadores, que sabían apreciar la labor del maestro, gentes sencillas, que me saludaban con su acento pixueto, y los niños mis adorados párvulos de 5 años, terminaron el curso, sabiendo todos leer y escribir. Cuando me encontraron después de unos años me decían doña Mª Esther, tus *pitinos*, así llamaban a los párvulos en Cudillero, no te olvidamos, y recordamos todo cuanto nos enseñaste. Aquel fue uno de los cursos más felices de mí caminar como misionera pedagógica. Terminó el curso y al ser interina tuve que dejar mi querido Cudillero, mis adorados párvulos, mis compañeros maravillosos. Aquel don Ángel, que cuando iba a su Galicia venía cargado de marisco y nos daba una buena mariscada.

«Adiós, queridos míos, nunca me olvidaré de vosotros y llorando amargamente salí de Cudillero para ir a otro pueblo».

❧ VIOBES. NAVA

El uno de septiembre de 1974 tomé posesión de la escuela de Viobes.[23] Dicha escuela pertenece a la capital del concejo que es Nava. Dista de Nava unos 2 km. No tenía vivienda y tuvimos que vivir en una casa sin comodidades. Al estar tan cerquita de Nava no me encontraba tan sola. Mis compañeros de la escuela graduada fueron muy buenos y atentos conmigo. Mi hija era muy pequeñita pues aún no tenía tres añitos. Por las mañanas la llevaba conmigo a la escuela, el día que despertaba. Si dormía iba en el recreo, la vestía y la llevaba a la escuela. Por las tardes quedaba con mi esposo, él la cuidaba, a esa hora ya estaba en casa. Este curso todo siguió con normalidad.

Era también una escuela mixta. A final de curso ya los llevaron para Nava y yo tenía primer curso de EGB.

❧ VILLAVICIOSA

Llegó el día de pedir escuela y como yo ya tenía muchos servicios pedía de las primeras. Estaba vacante párvulo en la graduada de

---

[23] Es un núcleo rural del concejo y parroquia de Nava, en el Principado de Asturias.

Villaviciosa[24], con tan buena suerte que no me la pidió nadie. La pedí yo y fue nombrada para dicha escuela, el 1 de septiembre 1975. Fuimos a buscar vivienda, y don Armando, maestro nacional de la graduada, me dijo: «si quieres yo tengo un ático libre en el edificio donde yo vivo. Puedes venir a verlo y si te interesa podéis vivir en él». Nos quedamos con él. Llevamos nuestros cuatro muebles que teníamos para andar por el mundo y encantados de vivir allí y tener de vecinos a unos señores educados y muy majos. Su esposa Cristina, me ofreció su ayuda si algo necesitábamos de ellos. Arcadio, mi esposo, trabajaba en Hunosa y salía de casa a las 4 de la mañana, pues entraba a las seis. Como estaba con los párvulos de cuatro años, Sandra era una parvulista más y se integró muy bien con los otros párvulos que eran un encanto. Cuando estás con gentes cultas y educadas todo resulta más ameno. Todos mis compañeros fueron muy buenos conmigo, menos una envidiosa y dominante que trato de hacerme sufrir. Me decía que yo como interina no tenía los mismos derechos que ella, por lo tanto, de mi clase haría lo que le pareciera. Se lo conté al director y la puso pingando diciéndole que yo era tan maestra como ella, con

---

[24].Villaviciosa es un concejo de la comunidad autónoma del Principado de Asturias, una parroquia de dicho concejo y una villa, capital del concejo, perteneciente a esta parroquia.

los mismos derechos y con el mismo título y que no se le ocurriera volver a molestarme. Después de esto fue muy buena compañera. Elpia, fue una gran compañera y amiga mía, es maravillosa y muy humana. Rodeada de la civilización y con aquel mar tan cerquita, todo resultó maravilloso. Un curso que solo me trae gratos recuerdos.

❇ SUARES. BIMENES

Al terminar el curso tuve que pedir nueva escuela y me fui a Suares[25] (Bimenes)[26]. Tomé posesión el 1 de septiembre de 1976. Fuimos a conocer la escuela. Tenía una vivienda hermosa. Una para el maestro y otra para la maestra. Llegamos por la tarde con los muebles y todas mis cosas. Descargamos y se fue el camión. Como todo estaba embalado fue una señora maravillosa, Simita y nos llevó café. Yo le dije, «qué buena es usted, acabamos de llegar y ya nos trae un café». Ella dijo, «creo que lo necesitan». «Ya lo creo» le dije, «pero como aún no tenemos ni un vaso fuera ¿Le importa que lo tomemos en su casa?»

---

[25] Es un lugar y una parroquia del concejo asturiano de Bimenes.
[26] Es un concejo del Principado de Asturias, España. Está situado en la zona centro oriental de Asturias.

Su madre, la Señora. Rosario y un hijo, Ramonin, bendita familia, nos dio toda su ayuda, su apoyo, siempre a mi lado. Es para mí una madre y Simita otra hermana buena y cariñosa. Yo daba clase de 1º, 2º, 3º y el maestro hasta 8º. Los niños encantadores y las madres muy majas.

✄ SAN JULIÁN – BIMENES

Al ser interina me tuve que ir y el 1 de septiembre 1977 tomé posesión de la escuela de San Julián. Aquí éramos tres maestros, yo tenía los de 1º, 2º y el resto los tenía mis dos compañeros. Aquí estaba el ayuntamiento. Los niños y niñas me querían mucho. Me visitó una inspectora y me puso un buen informe al ver lo que sabían los niños y lo bien que llevaba la escuela. Todo muy bien al rodearte siempre de gentes buenas. Sandra ya estudiaba 1º y era feliz con sus amiguitos.

✄ SOBREFOZ – PONGA[27]

Aunque tenía muchos servicios y podía pedir escuelas mejores, pero no tenían vivienda, de las

---

[27] Concejo de la comunidad autónoma del Principado de Asturias. Situado en el área sureste de la región.

vacantes pedí Sobrefoz[28]. Tomé posesión el 1 de septiembre de 1978. Fuimos a conocer la escuela y a fregar la vivienda, y no me gustó nada sus habitantes. Fue Simita con nosotros, gracias que la vivienda era buena y había agua en casa. Simita me dijo: «¡*ah, maminos*! ¿Dónde se fue a meter? ¿Usted no se fijó como nos miraban? Es gente muy mala, se les ve», y no se equivocó. Lo pasaremos mal en este pueblo. Este pueblo estaba perdido entre montañas. Sus habitantes vivían de la ganadería que tenían por los puertos. Tenían muchos caballos salvajes, preciosos, yo los vi una vez que me fui con mi esposo y la niña a pasar un día de campo. Muchas vacas que vivían por los puertos, tenían sus cabañas, ordeñaban y bajaban la leche para la carretera de Beleño, que era el ayuntamiento. Las mujeres a primera hora de la mañana ya estaban cerca de la escuela en una plazoleta, hablando y criticando, mirando a la hora que la maestra entraba y salía. Daba la impresión que vivía muy alejadas de la civilización. Ellas querían que formara parte de sus charlas. Yo les dije que no tenía tiempo pues la escuela y la casa me ocupaban todas las horas.

---

[28] Es un lugar y una parroquia de Ponga se sitúa en una foz del río ponga. Está situado a 4 kilómetros de San Juan de Beleño.

Sandra y yo solas. Aquellas montañas me aplastaban, aquellas gentes que solo te criticaban, que no sabían apreciar mi labor. Yo encontré a los niños muy mal, sin modales, sin educación y muy atrasados.

-Bueno, niños, tenemos que trabajar mucho, no podéis faltar a la escuela y no miraremos horas. Quiero enseñaros a leer, escribir, a ser hombres y mujeres educados-. Ellos me dijeron que tenían que salir para ir a ordeñar con sus padres, no les gustaba la escuela. Eran como cervatillos sueltos.

A los dos meses ya vi que mi labor había dado fruto, eran más educados y había logrado que aprendieran a leer bien, escribir, geografía, botánica, etc.

Las madres al ver que yo trabajaba incansable. No les importaba que supieran, solo eran burros de carga. Me denunciaron, decían cosas terribles; me llamó don Juan Noriega, el inspector que vivía en Cangas de Onís. Al leerme la denuncia quedé asustada. Él la rompió y me dijo que siguiera trabajando, al fin un día fue a visitarme y me dijo que me admiraba por lo que había conseguido en unos meses. Ahora los encuentro educados y formados.

La misión pedagógica aquí fue muy dura, pero satisfecha porque sembré mi granito. Y aquí, a pesar de que caí entre pedruscos y malas hierbas, dieron frutos. Estoy segura de que les valió para poder caminar y tratar con gentes formadas.

✄ FUENTES DEL CORBERO

Eran unos años difíciles para las interinas y teníamos que coger lo que nos dieran si queríamos ejercer. Mi educación no me permitía quedarme en casa, quería seguir mi camino pedagógico y enseñar donde fuese.

Tomé posesión en Fuentes del Corbero[29] el 1 de septiembre de 1979. Distaba de Cangas del Narcea unos veinticinco km. Al dejar la carretera que conduce al Puerto de Leitariegos teníamos que coger otra a mano izquierda, y luego por otra que era un mal camino. Cuatro km montaña arriba. Los taxis no querían subir, había que subir en un todoterreno.

La escuela estaba construida en la cima de una montaña. La vivienda y la escuela eran de nueva construcción, pero los maestros anteriores la

---

[29] Es una parroquia que está situada en el concejo de Cangas del Narcea, Asturias.

habían deteriorado mucho. Tenía agua, una hermosa fuente que nacía en otra montaña. De ahí llevaron el agua para la escuela, pero no tenía luz, los servicios, no funcionaban, estaban atascadas las tuberías. Lo comuniqué al Ayuntamiento y al fin vinieron y lo arreglaron.

«Aquí nieva mucho y hay que tener la suficiente leña para el crudo invierno y las nevadas tan grandes que caen». Me llevaron patatas, tocino, chorizo, pan, de todo lo que ellos podían comer. Aquellas montañas que me caían encima, aquella soledad, sola con mi hijita pequeña, sin luz. Al oír y ver estas gentes tan buenas, dándome ánimos y diciendo: «ya verá qué bien se encuentra con nosotros», me dieron ánimos, y ya me parecía todo mejor. Amaneció un día de sol radiante que invitaba a vivir y te daba fuerzas para seguir luchando.

Empecé la clase con veintitrés niños de todas las edades y les dije que todos los niños de tres añitos que fuesen. Qué niños y niñas más agradecidos, ellos me veían triste y me decían: «no se vaya, la ayudaremos en todo, picaremos la leña, limpiaremos la escuela, no nos deje por favor. La maestra anterior nos dejó, no lo haga usted».

Los niños eran muy buenos con mi hijita Sandra. A la entrada de la escuela había una llanura, donde los niños podían jugar en el recreo y los días buenos algún niño pequeño iba a jugar con ella a la salida de clase.

Las nevadas que caían eran terribles, tenían que ir los padres de los niños abriendo un camino por la nieve para poder los niños ir a la escuela. Yo hacía de sacerdote, de maestra y de médico alguna vez. Nunca vi al sacerdote aparecer por aquel pueblo perdido entre montañas, yo les inculcaba la religión y les formé como cristianos, proyecté sobre aquellas almitas oscuras y toscas la luz de la enseñanza. Para estos niños, como para todos, era una madre, una amiga, la maestra. El día de cumpleaños fue mi esposo con el maletero lleno de pasteles que hizo un amigo confitero que teníamos. Fue una tarde inolvidable, la recordarán mientras vivan. Las mamás fueron a darme las gracias y a decirme que nadie había tenido esos detalles con los niños.

Terminó el curso y yo sabía que no volvía, iría una propietaria. Llorábamos todos amargamente y les dije: «la mejor paga extraordinaria que me podéis dar es el recuerdo eterno y el agradecimiento, pues yo os enseñé a andar por los caminos plurales de la vida». Una niña muy inteligente me dijo: «tú, querida maestra, pusiste alas en nuestro corazón y en nuestra inteligencia. Nunca te olvidaremos, vuelve a vernos, no nos olvides». Con lágrimas en los ojos di un beso de despedida a mis hijitos del alma, a mis alumnos y nos fuimos de aquel pueblo perdido entre montañas, pero donde yo encontré comprensión, dulzura, amor.

✖ LA HOZ – BURGOS – BARCELONA

En este curso, también preparé las oposiciones, en aquel silencio de Fuertes de Corbero, después que los niños se iban, yo estudié muchísimo y preparé mis oposiciones. Llegó el día de los exámenes, en julio, me presenté. La verdad me resultó muy duros los exámenes y como son plazas limitadas, aún más difícil. El Señor y la Virgen Santa me dieron fuerzas para todo y con tan buena suerte que aprobé. Superé todos los exámenes con buena nota. No podré olvidar que después del último examen, al día siguiente voy con mi hijita a Oviedo desde Suares- Bimenes (allí vivía). Al entrar en la Delegación encuentro al Señor Casielles (fue el presidente de mi tribunal) y me dijo: «¿Ya pasó por la Universidad? ¿Vio su nota?» Yo le dije: «no, señor, llego ahora a Oviedo y aún no me ha dado tiempo a ir». Él me dijo: «aprobó, y con buena nota». Fue tal la alegría que casi le doy un beso. Corrí a la Universidad y allí estaba yo entre los pocos aprobados ¡Qué alegría! Mi hija Sandra y yo nos fundimos en un abrazo. Yo le decía, hijita, soy feliz, ya no andaremos tanto de pueblo en pueblo. Ya tengo asegurada siempre la plaza, fue la lotería más grande que me pudo tocar. Ese día no podía comer, pero era de emoción, de alegría. A la salida del trabajo fue mi esposo a buscarnos a Oviedo, lo esperábamos en una cafetería y cuando le dije, aprobé, se puso contentísimo y nos fuimos para casa llenos de alegría y dando gracias a Dios y a la Santísima Virgen María que siempre han oído mis ruegos.

Yo pasé mucho, mi esposo trabajaba y yo dejé la niña con Simita mi amiga que siempre supo estar a mi lado en los momentos difíciles. Cuando llegamos a Oviedo presentamos el acta notarial en la delegación. La delegación pidió escuelas vacantes a Barcelona, elegimos en Oviedo y desde Oviedo nos fuimos a nuestros destinos.

Tomé posesión en la Unidad de párvulos en el Colegio Laz Hoz-Burgos-Barcelona el 1 de septiembre. Los desplazamientos, el alojamiento nos costó mucho dinero y luego, sin conocer a nadie. La aventura duró poco. A finales de septiembre ya estaba de vuelta en Asturias.

✂ PIÑERA – CANGAS DEL NARCEA

El día 14 de octubre de 1980 tomé posesión de Piñera[30]. Mi esposo estaba enfermo y tuve que coger un taxi. Cuando llegamos al pueblo y vimos la vivienda quede asustada, no se podía vivir allí, el suelo estaba de tabla y roto, corrían los ratones. No encontramos casa para poder dormir y pasar la noche. Mandé llamar a los niños, fueron muy pocos y les dije mañana, después de barrer la escuela, que era una habitación de la vivienda, empezaremos las clases.

—No se vaya por favor. Tiene que llevarnos para Cangas-. Aquel hombre me dijo: «vuelva otra vez para su casa. No me gusta esta gente, me da pena que se queden entre estos salvajes». Yo le dije: «respetable y buen señor, mi misión es esta, predicar, sembrar la buena semilla y quitar esa mala semilla que les ahoga».

Nos fuimos para Cangas, recorrimos las fondas y hoteles y no encontrábamos hospedaje, debido a que había feria y estaba ocupado. En un

---

[30] Es una localidad del concejo de Cangas del Narcea y perteneciente a la parroquia de Piñera.

hotel me dijeron, tenemos una habitación en la buhardilla, no está en muy buenas condiciones, si usted quiere quedarse puede. Llovía y solo quería estar bajo techo. Yo no dormí, era vieja y fea, pero no tenía otra cosa. Allí estuvimos, gastando mucho y el taxi que nos llevaba y nos recogía a la salida de clase, hasta que mi esposo pudo viajar. Cuando vino mi esposo compramos hule plástico y cubrimos todo el suelo de la vivienda. Llamamos un fontanero para que nos pusiera un fregadero y arreglara la grifería, la limpiamos bien, y allí nos quedamos mi hija y yo hasta finalizar el curso. A Cangas íbamos poco, distaba unos 12 o 14 km y los taxis cobraban mucho. Los maestros no podíamos permitirnos esos gastos.

La gente te miraba, como algo raro, no se daban, y los niños, muy raros. Con mucha paciencia y dándoles todo el cariño y comprensión, pude ir introduciendo en sus cabecitas la cultura, los buenos modales, la educación. Los negros augurios no perturbaron mi vocación, al contrario, cada día aumentaba más y más. Quería ayudar a mejorar las relaciones humanas, de sembrar en todo terreno semillas que dieran fruto de amor, de paz, de solidaridad, de bondad, de libertad. En estos pueblos la labor es un verdadero apostolado.

✖ VILLATEGIL[31]. CANGAS DEL NARCEA

Llegué a este pueblecito el uno de septiembre de 1981. Tomé posesión y me hice cargo de dicha escuela. La vivienda y la escuela estaban en buen estado, lo peor era el agua que venía de una pequeña fuente y conducida hasta la escuela en malas condiciones. El primer día fue limpiar la vivienda y la escuela y colocar mis cosas. Al día siguiente empecé las clases. Dista de Cangas del Narcea unos doce km, la carretera que conducía al pueblo, después de dejar la general, estaba sin asfaltar y en malas condiciones. Era escuela mixta y de todas las edades, unos dieciocho niños. Encontré algún mal educado, y muy atrasado. Recuerdo que un niño, Angelín, se llamaba, me miraba muy raro, tenía trece años, era muy gordito y mal encarado. Los niños mayores me decían: «es muy malo y a la otra maestra la quiso pegar». Sabía poco más que las vocales, y me decía: «no quiero estudiar». Yo con mucha ternura y delicadeza fui simpatizando con él. Vi que estaba falto de cariño y comprensión. Él me decía: «ahora me gusta venir a la escuela y te prometo que estudiaré mucho porque tú me quieres y no me pegas» ¡Qué maravilla! ¡Cuánto aprendió!, estoy segura de que

---

[31] Pueblo situado en el concejo de Cangas del Narcea y perteneciente a la parroquia de Villategil en el Principado de Asturias.

jamás me olvidará. Aquel curso aprendió a leer y escribir y tenía gran interés por la lectura. No tuve problemas con el resto de niños, eran buenos y cariñosos. Para mí la educación debe de ir unida a la cultura, pero ante todo educación. El mundo entero, los niños deben de ser, desde el primer instante, objeto de atención y materia de aprendizaje para el niño como lo sigue siendo más tarde para el hombre. Educar antes que instruir, hacer del niño, en vez de un almacén, un campo cultivable, y de cada cosa una semilla y un instrumento para su cultivo.

Cuatro niñas, Angelines, y M.ª Jesús y otros dos niños, obtuvieron el graduado Escolar, yo los examiné y varios maestros en la graduada de cangas y sacaron muy buenas notas. Terminó el curso y para otro pueblo.

VILLARMENTAL[32]. CANGAS DEL NARCEA

En este pueblo y de dicha escuela tomé posesión el 1 de septiembre de 1982. Antes de llevar mis muebles fui a verla y estaba de verdadera pena. El maestro anterior la -dejo de dolor. Reuní

[32] Es un pueblo y parroquia del concejo de Cangas del Narcea, en el Principado de Asturias.

a las madres y les pedí por favor que limpiaran la escuela y la vivienda o me buscaran una mujer que lo hiciera, que yo lo pagaba. Me dijeron que lo hacían ellas. Hablamos durante media hora o más y me vine para Suares, para ir a la escuela al día siguiente.

En la escuela no había agua, estaba todo estropeado, grifos, tuberías, de pena. Llegamos por la tarde, descargamos los muebles, los metimos para la vivienda y resulta que no había una gota de agua. Era de noche, fui a una casa a pedir un caldero de agua y me la negaron. Me dijeron donde había una fuente, fuimos con una linterna, aquello era un basurero, no encontramos nada más que un pequeño manantial hecho un asco. Creí volverme loca, sin conocer a nadie, sin agua y a las tres y media de la madrugada mi marido marchó para Tuilla porque a las seis y media entraba a trabajar. Después de Cangas, a unos quince km venía un chico borracho y se metió encima del coche de mi marido, lo dejo parar tirarlo a la chatarra y a él le rompió las costillas, y luego se quería dar a la fuga. Solo en la carretera, con semejante individuo y con aquel dolor de las costillas rotas y que no pasaba ningún coche. Al fin, después de tres horas pasó uno y aviso a los guardias para que fuesen al lugar del accidente. Cuál fue mi sorpresa cuando lo veo aparecer muerto de dolor y con una cara de difunto en un taxi. En el mismo taxi, cerré la escuela y nos fuimos al médico de la empresa y a comunicarle al Inspector lo ocurrido. Era el señor don Silvino Lantero.

Él al verme tan angustiada me dijo que permaneciese al lado de mi esposo. La empresa le dio la baja por accidente y a los ocho días nos fuimos todos para aquel pueblo. La señora que me negó el agua, M.ª Esther, tenía dos hijos; la niña iba conmigo. Después que me trató me ofreció su casa para todo, y me dijo que no quería darle confianza hasta no conocerme, pues la maestra anterior se portó muy mal. Sus hijos todo el día estaban en mi casa. Nos hicimos grandes amigas y aún hoy sigue la amistad.

Todo siguió con normalidad, los niños encantadores. Trabajamos incansables, quedando los niños muy formaditos.

✄ CUDILLERO

Tomé posesión de la unidad de párvulos del Colegio Asturamerica de Cudillero el 1 de septiembre de 1983. Ya había estado aquí y quedé encantada. Cudillero es una Villa costera preciosa. No me fue difícil encontrar vivienda, y la encontré cerquita del colegio. La dueña se llamaba Manolita, fuimos muy buenas amigas. La vivienda me encantó. Los compañeros muy majos y Felisa, gran compañera y amiga que aún seguimos nuestra amistad. Mis treinta párvulos un encanto. Este curso fue todo maravilloso y los párvulos al terminar el curso sabían leer y escribir y estaban a nivel de 1º. Me visitó el inspector, don Lucas, y me dijo: «usted le mete demasiado. Están a nivel de un primero muy adelantados». Terminó el curso y al ser propiedad provisional teníamos que volver a pedir de las vacantes. Al pedirme una propietaria definitiva, párvulos cinco añitos y estar vacante, párvulos cuatro años la pedí, pero resulta que no hay nada más que matriculados cuatro niños y después de permanecer diez días en el centro, tomar posesión de dicha unidad el 1 de septiembre de 1984 me comunica la Delegación que tengo que irme a una escuela perdida entre montañas y de muy difícil comunicación. La niña matriculada de 7º curso en Asturamerica, la casa puesta en Cudillero y tener que marchar ¡Menudo disgusto! El director del centro, don Manuel, como los compañeros se portaron muy mal, no encontré apoyo en ninguno, solo en la directora del Pito (escuelas Selgas) Dña. Maruja Noriega. Yo lo puse en manos de mi sindicato y Germán, que así se llamaba, el portavoz del sindicato, me dijo: «tú tienes un nombramiento, y si fue culpa del director del colegio Asturamerica por no comunicar a la Delegación que no había alumnos suficientes y delegación la sacó cuando no la tenía que haber sacado, el error de ellos. No lo vas a pagar tú. No te marchas de ese colegio, y vete mañana como siempre, y hazte cargo de esos niños».

Fui y al llegar el director me dijo: «¿¿Cómo vienes? Sabes que tienes que estar en la braña de Tineo», y sin darme lugar a explicarle todo, del empujón que me dio me echo de la escuela y me cerró la puerta. Yo con un nudo en la garganta que me ahogaba corrí a mi casa y lloré amargamente. Una vez que me tranquilicé, fui a llamar a Germán y le comuniqué lo ocurrido. Este me dijo: «comunica a la guardia civil lo ocurrido y que levanten atestado». Yo le dije: «tiene una mujer y una niña péquela, no me pidas eso que yo no lo hago». Él me dijo: «si no lo haces, tú lo haré yo a nivel de sindicato».

Yo le dije: «está vacante educación especial en el Colegio. Pido esa y no me causan ningún problema, por favor». Él me dijo: «voy ahora a hablar con el delegado y el secretario y a hablarles de tu caso. Mañana a las once estas en la Delegación».

Me recibió el secretario Señor. Fran y el delegado el Señor Areces. Me dijeron: «ya sabemos lo que le ocurrió, ese hombre tiene destierro». Yo le pedí por favor, no lo hagan lo perdono. Solo quiero que me dé la vacante que hay en el Colegio Selgas y seré feliz. El Señor. Delegado me dijo: «es usted muy buena, otra no le perdonaría». Espere aquí. Cuando volvió me dio el título de posesión de la unidad vacante (de apoyo) que había en dicho colegio y me dijo: «mañana se incorpora en dicho colegio». Fue tal la emoción que le di un beso de alegría y le dije: «que Dios lo acompañé siempre, es el mejor de los hombres».

✂ EL PITO. CUDILLERO

Tomé posesión el 1 de septiembre de 1984, en las escuelas Selgas del Pito. Estas escuelas fueron creadas por unos americanos en 1915. Eran las escuelas más maravillosas que había en Asturias, tenían una biblioteca completa, con libros de todas las ramas del saber y un mapa que representaba el mundo muy completo. El palacio que tenían estos señores era grandioso, Había cuadros de todos los mejores pintores, su valor incalculable.

Concretando yo permanecí en este colegio dos cursos, daba clase a los niños que tenían problemas de aprendizaje. La directora Dña. Maruja Noriega fue maravillosa conmigo, siempre me apoyo y me trató como una amiga, como una buena compañera. El día de mi cumpleaños les di una gran fiesta a todos mis compañeros. Lo pasamos muy bien, algunos ya murieron, pero me quedan sus fotos, su recuerdo.

Mis compañeros, Benjamín, Alberto, Toni y esposa, etc.... fueron muy buenos compañeros y pasé dos cursos encantada formando y dando todo con mucha paciencia aquellos niños que tenían dificultades, pero que las fueron superando y llegar al nivel de sus compañeros. Al ser propietaria provisional tuve que dejarlo, pues fue ocupada por don. Marcelino, definitivo.

Nunca olvidaré a Dña. Maruja, es toda una dama, es elegante, sencilla, humilde y con un don de gentes terrible. Todo el Pito y Cudillero la adoran por la ternura y delicadeza, siempre dispuesta a ayudar al pobre, da amor y comprensión al más necesitado, al chiquitín, a todos. Es un ser entrañable y de lo más maravilloso que conocí. Seremos amigas hasta que la muerte nos separe.

✂ CUDILLERO

Tomé posesión el 1 de septiembre de 1986, volví para el Colegio Asturamerica Cudillero. Di clase a los niños de Ciclo Inicial, eran los de primero y segundo. Tenía treinta y tres niños. Algunos muy difíciles, como Carlos y Costan. Fue un curso difícil y enseñar a leer a treinta y tres niños era mucho trabajo.

Yo trabajé incansable hasta quedar sin voz, y tener que pedir la baja durante un mes sin poder hablar, pero logré, que salieran muy preparados para empezar el 3º curso de E.G.B (educación general básica).

Al terminar este ciclo cogí a otros, ya era menos número y no me crearon tantos problemas. Trabajé incansable y los niños encantadores, me querían mucho, aún tengo sus cartas cariñosas y sus fotos dedicadas, Laura, Custinos, Mari-Carmen, etc. Niños agradecidos y me querían, y yo a ellos con locura.

El director Luis, muy tonto y engreído, se consideraba muy superior a Felisa, y a mí y nos trató muy mal y él, a nuestro lado, no era nada más que un payaso. Un todo lleno de soberbia y vanidad. Aquí no estuve tan contenta como en el Pito, pero con Toto y demás compañeros bien, con Felisa compañeras y amigas. El pueblo me quería mucho y las mamás estaban encantadas conmigo porque veían como progresaban y lo mucho que sabían. No olvidaré a estos angelitos llenos de dulzura. Aquí permanecí hasta 1990 que me la dieron definitiva en Soto de Luiña. Los años que permanecí en Cudillero serán imborrables. Los paseos por el muelle, aquel pescado salido del mar, aquellos pixuetos tan majos. Elvira, que me vendía las merluzas. Respirar aquel aire venido del mar, contemplar sus casas por la montaña, que parecía que iban a caer. Cudillero es un nacimiento, y los pescados de la Carmencha tan simpática. Recuerdo que un día fui a comprarle pescado y al ver que yo no quería coger aquella bolsa tan sucia me dijo: «¡Ah, mi neña, si tú fueras el home mío, no dormías conmigo!»

Todo en Cudillero es hermoso, sus gentes, su muelle, sus bares, con aquellas terrazas mirando al mar. L' amuravela, donde dicen en pixueto todo lo que pasa en Cudillero y mundo durante el año. Todo en Cudillero encierra un encanto tan especial que no se puede comparar con ningún pueblo costero ¡Eres maravilloso Cudillero! Tú, y tus gentes. Te quiero, jamás te olvidaré y te llevaré siempre en mi corazón. Yo me pasaba horas contemplando aquel mar bravo y maravilloso. La gran obra de mi Dios.

✕ SOTO DE LUIÑA. (DEFINITIVA)

Tomé posesión en el Colegio público de Sra. de la Humildad de Soto de Luiña[33], como maestra de propiedad definitiva, el 1 de septiembre de 1991. Cuando me enteré lloré porque yo no quería ir para este pueblo, pero fui muy feliz en aquel colegio.

Concursé por ciclo inicial que ahora es primero de primaria. Empecé con los niños de primero y daba clase al ciclo inicial de 1º y 2º. Al terminar volví a coger otro nuevo ciclo, eran muy pequeños los cursos diez y doce niños. Estos niños me adoraban y yo a ellos. Tengo en mi poder las cartas tan maravillosas que me escribían y hoy aún me escribe algún niño de mi último ciclo inicial como Asier. Cuando el inspector me visitó me dijo que estaban muy bien. Trabajé incansable como en todas las escuelas, les di una base tan cimentada que les perdurará toda la vida. Formé hombre y mujeres para que puedan caminar por la vida y nadie les haga daño. El último curso, me pidió el

---

[33] Soto de Luiña es una parroquia del concejo de Cudillero, en el Principado de Asturias.

director Nacho que por favor me hiciese cargo de los párvulos de cinco años.

Unos niños hermosos, eran ocho solamente, pero yo les adoraba y ellos a mí. Les daba todo mi amor, eran mis angelitos, mis hijos espirituales. Siempre tenía para ellos golosinas y el día de mi cumpleaños les daba una gran pastelada y de todo que jamás olvidarán. Cuando terminó el curso sabían leer y escribir y esa primera base perdurará siempre.

Comíamos todos los maestros juntos, cada día ponía uno la mesa, y eran unas comidas llenas de compañerismo, de amor. Mis compañeros, Amparín, Loli, Rosa, de Pravia, Rosa Antón (parvulista) Carmen Inmaculada. Conchita, Celia, Ángela, Ángeles (logopeda) M.ª José, Begoña, Pilar (música), Agustina (parvulista) Luisa, Marta (Pravia), Mª Jesús, Juan, Nacho (director), Adolfo, Pili (maestra de Oviñana), etc.

Estos eran mis compañeros, y siempre encontré en ellos apoyo y cariño. El director D. Ignacio, Nacho para todos nosotros, para mí fue un hijo, y verdadero compañero, siempre me trató con mucha dulzura, con cariño, siempre me apoyó en todo. Las comidas eran muy abundantes y sabrosas. Charo y M.ª Carmen, hacían las comidas muy ricas y luego siempre nos hacían arroz dulce y postres riquísimos. M.ª Carmen y yo, dábamos muchos paseos camino de la playa.

Seis. La jubilación

En mi casita humilde, la que me vio nacer, toda era de tierra, su suelo, sus paredes. Al ser mis padres labradores, era ocupada por vacas, ovejas, gallinas, cerdos, caballo, arados, carros de todo lo necesario para cultivar el campo (aquel campo desértico por carecer de agua) que mis pobres padres trabajaban.

Mi esposo y yo la hemos transformado en una casa hermosa. En ella hay un vergel escondido de exuberante verdor, con camelias, pino, manzanos, cerezos, ciruelos, hortensias, petunias, pensamientos, romero, tomillo, geranios, de todas clases, la hiedra cubre el muro y enredaderas que cubren todas las paredes de forma que es un tapiz verde entrelazándose las flores de los rosales. Y para que nada falte, un césped, también cuidado que llama la atención. Los rosales, ¡qué maravilla! Desde el rojo, sangre aterciopelado, rosa, amarillo, azul. Trepaban por las paredes para dar gracias a Dios, por enviarles la lluvia y al amanecer el día, el sol les da su calor, parece que ríen y dan gracias al Señor, por enviarles todo lo necesario para adornar todos los rincones de mi casa de Villar, su impresionante belleza llama nuestra atención y también a todos los que la ven. Infinidad de flores de todas las clases que impregnan con su aroma, toda esta humilde casa, donde al lado de mi esposo viviremos con alegría y cuidamos con gran primor todas las plantas hermosas, creadas por nuestro Dios. Arcadio, mi esposo, cuida el huerto, los árboles frutales, el césped, tomates, cebolla, etc. A la entrada del huerto a la izquierda hay un pozo que está empedrado desde abajo.

Poesía

Para mi hija, Sandra, con todo mi amor.

«Poesía eres tú, ¡hijita mía!
porque un planeta nuevo
como dorado sueño
brilló en el firmamento
el día que naciste.

Poesía eres tú, ¡hijita mía!
porque todo tu ser
produce al mirarte
en mi triste mirada
un aire misterioso
de alegría y placer
Poesía eres tú...

porque tú eres el centro
de ese amor verdadero
de ese amor puro y bello
brillante como el sol
que un día placentero
nació para mi ser

Poesía eres tú, querida Sandra
porque eres la razón

de mi propia existencia
y espero que algún día
me llamará el Señor
para vivir ya siempre
en ese paraíso...
en esa gran mansión
que Dios concede siempre
a todos los que viven
unidos en la fe
en la paz y el amor
Poesía eres tú, ¡en fin!
porque eres más hermosa
que son las
que adornan mi jardín grandes rosas
y has bajado del cielo como hace un "ángel
bueno"
para hacerme dichosa
para hacerme feliz».

Mª Esther Fernández Fernández

Nota de la autora II

Querido lector, como he dicho en la nota que figura al principio de este libro, la autora del mismo es M.ª Esther Fernández. Yo soy una mera transmisora, pero no he podido resistir la tentación de escribir algo, es la última cosa que mi madre y yo hacemos juntas, así que junto a sus vivencias vais a encontrar unos relatos míos.

Donde estés, espero que te gusten estos relatos y foto-relatos, están escritos inspirados y pensando en ti, en tu recuerdo y en todas las enseñanzas que me has dejado y que me están permitiendo ser la persona que soy.

Sandra Ovíes Fernández

La despedida

Un tímido sol de principios de septiembre daba luminosidad a aquella oscura mañana, al menos así se le antojaba a Leonor, oscura y triste. Leonor, debía de sentirse alegre, pero una punzada de dolor le atravesaba el pecho. Su hija Esther y si nieta Laly se marchaban del pueblo del páramo leones que las vio nacer y crecer, a un mundo nuevo, al menos así lo veía ella.

Asturias se le antojaba lejísimos, pero, a su hija Esther le había salido escuela en Cazo, Ponga, (Asturias). Corría el año 1965 y desde que Esther terminó la carrera de magisterio en 1958 había comenzado a ejercer en Asturias. Leonor paseó sus cansados ojos por el enjambre que configuraban los innumerables trenes que llegaban y salían de la estación de León. De pie, ataviada con un vestido negro, zapatillas de esparto negras y un mantón del mismo color en los hombros, para protegerse del fresco de la mañana, esperaba junto a su marido Manuel a que llegaran su hija y si nieta, habían ido a preguntar con cuanto retraso saldría el tren que iba para Asturias. Manuel miró hacia la puerta impaciente y al fondo vio aparecer a su hija seguida de su nieta. Con paso ligero y una sonrisa en los labios llegó Esther repleta de alegría y vitalidad.

—Padres, nos ha dicho que está ya en la vía.

Manuel comenzó a coger las maletas que estaban en el suelo ayudado por su hija y nieta. Leonor sostenía con fuerza el paquete con comida que les había preparado. Se había pasado la tarde anterior guisándoles un pollo para que lo comieran en el viaje. Con paso firme, Manuel inicio la marcha hasta el tren.

—Bueno, niñas, ha llegado la hora —dijo Manuel con voz firme.

—Toma Laly, no te olvides de la comida. (Leonor tendiéndole el paquete que sostenía entre sus temblorosas y arrugadas manos).

—Gracias, abuela —respondió Laly con dulzura.

—Escribe hija —se le oyó decir a Manuel al tiempo que su voz era ahogada por la locomotora del tren.

—Les escribiremos abuelos —acertó a decir Laly sonriendo y llorando a la vez que despedía a sus abuelos, tan ancianos, tan frágiles...

La carta no se hizo esperar mucho. Una fresca mañana de septiembre Manuel entro raudo en la cocina con una carta en la mano, y una inmensa sonrisa le iluminaba el rostro.

—Leonor, Leonor, carta de Esther. Me la acaba de dar el tío Dionisio que se encontró con el cartero en la MediaVilla[34]

—¿Y qué dice? —apremio Leonor a su marido, al tiempo que soltaba la cuchara de madera en el plato de barro y apartaba la cazuela de patatas guisadas del fuego.

—No sé mujer, ahora la leo —Manuel poniéndose los anteojos y dejándose caer en el banco de madera.

Leonor acercó una silla a la mesa y se sentó. La puerta de la cocina se abrió y entro la nieta más

---

[34] Plaza Mediavilla de la población de Villar De Mazarife.

pequeña, Azucena, seguida por una despistada gallina. La niña cerró la puerta y corrió a sentarse en el regazo de su abuela. De debajo de la mesa salían un leve murmullo de voces infantiles que rompían el silencio. Manuel y Leonor agudizaron el oído con curiosidad.

—¿Y para qué querrá el abuelo la radio?— decía un niño alto, delgado, de ojos negros y vivaces,

—¡Anda !—respondió una niña de la misma edad y altura que el niño, con cabello castaño y una dulce sonrisa— para enterarse de lo que pasa por el mundo.

—¡Javier! ¡Estherina! ¿Qué hacéis hay? —se oyó decir a Manuel que asomaba la cabeza por debajo de la mesa —y encima comiendo los garbanzos del gato. ¡Estos chicos! Venga, sentaos a mi lado en el banco, que voy a leer la carta de vuestra tía Esther y cuenta cosas de vuestras hermanas.

Los niños sin rechistar salieron de debajo de la mesa y se sentaron junto a su abuelo, que con sumo cuidado había comenzado a desdoblar la carta.

Todos atentos, dijo Manuel con los anteojos puestos y dispuesto a comenzar la lectura. El silencio fue lo que le dio pie a comenzar:

«Queridos Padres:

Esperamos que al recibo de la presente estén todos bien. Nosotras hemos llegado bien y estamos muy contentas. Estos parajes son muy diferentes a nuestro pueblo. Aquí todo es verde y muy montañoso. La vegetación es muy frondosa con bosques de castaños y avellanos. Donde nos encontramos es un pueblo pequeño que se dedican al ganado fundamentalmente. El paisaje es precioso. Prados verdes, pastados por vacas autóctonas de la región, caballos y alguna oveja. Ríos de aguas cristalinas y montañas que llegan hasta el cielo. Es un paisaje pintado en azul y verde que contrasta con el amarillo y marrón del páramo leones y sobre todo con las llanuras a las que estábamos acostumbradas, tanto es así que el otro día llegábamos tarde a misa y decidimos cruzar por un prado, pero no calculamos la pendiente que tenía y Laly, que estaba guapísima con el traje amarillo que tanto le gusta a madre., tropezó, y marchó rodando hasta el final del prado ¡Pobre! ¡Qué disgusto se llevó!, el traje termino marón y aún no ha sido capaz de sacarle las manchas.

Queridos padres no se preocupen que estamos bien. Lo único que me apena es tenerlos lejos y que en breve Ludi y Laly se marcharan, pero afortunadamente viene Arcadio todos los fines de semana que no trabaja. Ahora está jugando con los niños, que están en el recreo, con el balón que les ha traído.

Mil besos y abrazos para todos mis hermanos y sobrinos y para ustedes todo mi amor y cariño.

Su hija que lo adora

Esther»

—Parece que están bien —concluyó Manuel. Ves mujer como no tenías de qué preocuparte. (Mirando cariñosamente a Leonor).

—Ya lo sé —contestó Leonor mientras le acariciaba el pelo a su nieta Azucena — Es inevitable que una madre no se preocupe...

—¿Y dónde está ese sitio donde esta tía Esther y mi hermana? —preguntó Javier a su abuelo.

—Vete por la enciclopedia Álvarez —indicó Manuel a su nieto.

El niño salió veloz de la cocina al portal, donde había dejado el cabás de la escuela tirado encima de la vieja arca, fruto de las prisas de ir a jugar con su prima Estherina. Veloz como un rayo regreso a la cocina con el libro. Manuel se colocó los anteojos y busco un mapa de España.

—Aquí está vuestra tía Esther y vuestras hermanas —mostró Manuel con el dedo sobre el mapa de España—.

—Va... abuela. Están un poco más arriba que nosotros —dijo inocentemente Estherina.

—¿Qué es esto abuelo? —preguntó Azucena al tiempo que depositaba su delgado dedo sobre el azul del mapa.

—Eso es el mar —contestó Manuel con mirada soñadora.

—¿Y qué es el mar?—preguntó Estherina sumamente intrigada.

—Mis niños —comenzó a decir Manuel—. El mar es una gran masa de agua salada que no hemos visto nunca ninguno de nosotros.

—¿Sabes una cosa abuelo? —acertó a decir Azucena —Yo cuando sea mayor voy a conocer el mar y vivir en un sitio con mar.

—Eso está muy bien mi niña —respondió Manuel al tiempo que le daba un beso.

—¿Y qué hace la tía Esther en Asturias?— preguntó Javier.

—Buscar su destino. «Cada uno es artífice de su propia ventura».[35]— respondió Manuel con una orgullosa sonrisa asomando a los labios.

---

[35] Don Quijote. Capítulo 66. Segunda parte de Don Quijote de la Mancha. «Que trata de lo que verá el que lo leyere, o lo oirá el que lo escuchare leer».

Tiempo de Manzanas

Todo comenzó una bella mañana de septiembre. Aquel día había amanecido con un radiante sol que brillaba en un cielo azul intenso, ni una mínima nube se atrevía a surcarlo. El viento del sur soplaba con delicadeza meciendo los manzanos cargados de la deliciosa fruta. Por el camino que conducía al pueblo, iba una joven elegantemente ataviada con una pequeña maleta negra, que agarraba como si la vida le fuera en ello, y de tras de ella don Tobías, paisano del pueblo vecino que llevaba a Perico, su borrico, cargado de maletas hasta el rabo.

—Esta *mozina* no se cansa—, pensó el señor Tobías mirando de soslayo a la joven esbelta que con paso firme caminaba en dirección al pueblo.

A la entrada del pueblo había un manzano, que a juzgar por su aspecto debía de llevar bastante tiempo contemplando el ir y venir de los vecinos del pueblo. Esther, que así se llamaba la joven, echo un rápido vistazo a la plaza de aquel curioso lugar. Se encontraba en una aldea que no tendría más de treinta vecinos, donde la carretera de acceso al pueblo era de tierra y piedras. En tres kilómetros había contado catorce curvas. Parecía que estaban subiendo al cielo y que la escalera era aquella inmensa y majestuosa montaña, y el único medio para llegar era Perico, el borrico del Señor Tobías, que con desdén la miraba culpándola del sofoco de llevar sus bártulos.

Un alegre griterío los recibió. Algunos niños estaban jugando sentados debajo del solemne manzano mientras sus madres lavaban en el lavadero del pueblo. A la algarabía de los niños se unió los rebuznos de Perico, harto de cargar con las maletas, y el tañer de la campana de la iglesia que anunciaba el ángelus. Como si de un aviso se trataran los rebuznos de Perico, todas las miradas de los allí presentes se clavaron en don Tobías y la desconocida que lo acompañaba. Los niños miraron a la desconocida con curiosidad, las madres con recelo y desconfianza. En el pueblo no estaban acostumbrados a recibir extraños y aquella mujer ataviada con un traje, chaqueta azul, camisa roja, zapatos de tacón altos, nada adecuados para andar por aquellos andurriales, y peina con moño que era adornado con un pequeño sombrero al estilo Jackie

Kennedy, les produjo aún más desconfianza. Las mujeres que estaban en el lavadero se miraron unas a otras sin articular palabra. Era como si un figurín de las revistas que veían cuando bajan por víveres a casa de la Señora Tomasa se hubiera materializado y estuviera plantada en medio de la plaza del pueblo con una pequeña maleta negra que sujetaba con fuerza.

—¿Tú quién eres?

—Hola, pequeña —contesto la desconocida con una dulce sonrisa en los labios—. Soy la nueva maestra y buscaba al alcalde.

—¿Cómo te llamas? —pregunto la pequeña con ojos curiosos y mirándola de arriba abajo.

—Esther —contesto la desconocida con dulzura— ¿Y tú?

—Gabriela —respondió alegremente la niña al tiempo que la tomaba de la mano—. El alcalde no está. Está en la braña con Esmeralda, Pinta, Roxia, Careta, Negra y Luna.

—¡Ah! ¿Qué son su mujer e hijas? —Preguntó inocentemente Esther.

—Que tonta!, —dijo la niña partiéndose de risa—. Son sus vacas y su perra. Ven,—dijo la niña a la par que la tomaba de la mano y tiraba de ella en dirección al lavadero.— Esta es la mujer del alcalde —indico la niña.

—Buenos días, señora —saludo Esther con naturalidad a la mujer que tenía enfrente y que la miraba de reojo—. Soy la nueva maestra, Esther, y me gustaría saber dónde está la escuela para dejar mis cosas.

La mujer con gesto huraño le indico el camino que salía a la izquierda del lavadero. Perico fue quien inicio la marcha seguido por su sueño y Esther. Al final del camino encontraron un recio edifico de piedra bastante deteriorado. En la parte de abajo se encontraba un habitáculo cuadrado, con el suelo de tabla muy deteriorada y unos 15 pupitres sucios y desvencijados. Algunos cristales estaban rotos y las telas de araña adornaban la estancia. Una linda gatita blanca y negra salió a saludarla con sus tres gatitos. Alguien que me recibe con amabilidad pensó Esther al tiempo que miraba descorazonada la escuela. Volvió sobre sus pasos y subió la esclarea de piedra que conducía al piso de arriba. Se encontró con lo que supuestamente era la vivienda. Si el aspecto de la escuela era descorazonador, el de la vivienda lo era aún más. Era imposible vivir allí.

Esther bajo las escaleras presurosa y sin mediar palabra con el señor Tobías que estaba intercambiando impresiones con un vecino que estaba recogiendo manzanas. Cuando llego al lavadero las mujeres estaban cuchucheando sobre la desconocida.

—Esther interrumpió los cuchicheos— Las mujeres la miraron sin mediar palabra. Fue la mujer del alcalde, la que con aspecto desafiante se acercó a ella.

—Y ahora la señoritinga que quiere,— clavándole una miranda furiosa.

—¿Su nombre... es? Pregunto Esther con toda la calma del mundo.

—Virginia respondió la mujer. Diga rápido lo que tenga que decir que tenemos cosas que hacer.

—Mi nombre es Esther, y como les he dicho anteriormente soy la nueva maestra. He visto la escuela y está inhabitable. Tenemos que buscar una solución. No querrán que sus hijos reciban clase en un lugar insalubre.

—Pero esta señoritinga quien se cree que es para venir a insultarnos a nuestro pueblo con esos aires de capital., intervino otra mujer desde el fondo del lavadero.

—Oiga,—se defendió Esther— yo no he insultado a nadie.

—Como que no continuo la mujer. Nos dice palabrerío que entendemos, y con esos aires de superioridad. Coja el camino de vuelta.

—Lamentando mucho eso no puedo hacerlo —manifestó Esther de forma tajante— Así que tenemos que buscar una solución. Hay que limpiar la escuela y necesito un sitio donde alojarme. Dicho esto, se sentó en una esquina del lavadero, justo donde salía el agua limpia que bajaba de la montaña.

—Mamá, ¿qué pasa? —Era Gabriela que con angustia miraba a la mujer que increpaba a la maestra.

—Nada —respondió Cristina, malhumorada a su hija.

—Porque le hablas mal a la señora guapa Yo quiero que sea mi maestra.

—Usted ha educador a una niña tan encantadora como Gabriela, por tanto, esa educación usted la tiene, aunque se empeñe en no mostrarla. Intervino Esther.

Como han pasado los años, se dijo Gabriela, mientras detenía el coche en frente de la vieja escuela. Ese día había estado explicando a sus alumnos de primaria en qué consistía la fotosíntesis, y no pudo menos de recordar a aquella extraña que apareció un día de septiembre con el viento del sur y que fue su primera maestra. Gracias a ella, ahora ella es maestra. De aquella maleta negra que no dejaba ni a sol ni asombra y que tanta curiosidad les causa a los alumnos. En aquella maleta llevaba sus libros, como ella les decía, su mayor tesoro.

Con paso lento, y mirada perdida en el tiempo, Gabriela subió los desgastados escalones de su vieja escuela. La escuela donde aprendió a leer, escribir, a descubrir el mundo ya tener curiosidad. La vieja escuela. Con mano temblorosa por la emoción, hizo girar el pomo de la vieja puerta y entro en el habitáculo que había sido la escuela. Un olor a rancio, humedad, tiza y libros viejos la recibieron transportándola a sus cuatro años. Paseo entre los viejos pupitres y se sentó en el que había ocupado aquel maravilloso curso. De repente volvió a sus cuatro años. A ser una niña curiosa, con mirada inteligente. Una pequeña de pelo negro que movía enérgicamente cuando no entendía algo. De nuevo, estaba allí, sentada en su pupitre y su querida maestra, doña Esther, con una brillante y roja manzana en las manos preguntando ¿Qué es la fotosíntesis? ¿Alguien me lo puede decir? Nadie. Bien, hoy os voy a explicar en qué consiste la fotosíntesis.

«Los árboles y las plantas usan la fotosíntesis para alimentarse, crecer y desarrollarse.

Para realizar la fotosíntesis, las plantas necesitan de la clorofila, que es esa sustancia de color verde que tienen en las hojas y responsable de ese característico color verde de las plantas. Es la encargada de absorber la luz adecuada para realizar este proceso

Las raíces de las plantas crecen hacia donde hay agua. Las raíces absorben el agua y los minerales de la tierra. Con el agua y los minerales absorbidos por las raíces hasta las hojas a través del tallo se realiza la fotosíntesis en las hojas, que se orientan hacia la luz. La clorofila de las hojas atrapa la luz del Sol. A partir de la luz del Sol y el dióxido de carbono, se transforma la savia bruta en savia elaborada, que constituye el alimento de la planta. Además, la planta produce oxígeno que es expulsado por las hojas...»

Un leve murmullo volvió a Gabriela a la realidad. Era su madre que de forma trabajosa se sentaba a su lado. Tu padre me dijo que había visto tu coche hace media hora y al no llegar a casa supuse que estarías aquí.

—Hola, mamá, respondió Gabriela —con dulzura.

—¿Qué haces aquí? —pregunto Cristina fijando la mirada en su hija.

—Recordar, volver a mis cuatro años. Cuando aprendí a leer, escribir y decidí que quería ser maestra.

—Te acuerdas mucho de ella, ¿verdad?

—SÍ. Aún recuerdo el día que llegó.

—Hija, yo siento vergüenza de lo mal que la tratamos y lo bien que ella se portó con el pueblo

—Bueno… los inicios no fueron fáciles —puntualizó Gabriela —pero cuando llego fin de curso llorábamos todos. Incluido el alcalde.

Estaba recordando la primera vez que me explicaron que era la fotosíntesis. Hoy se la he explicado a mis alumnos. Gracias a doña Esther yo soy maestra, y cada vez que llega septiembre para mí es tiempo de manzanas.

Epílogo

¡Hola, querido lector! Soy yo de nuevo, Sandra Ovies Fernández, y me ha tocado la triste tarea de escribir este epílogo. Soy yo la que tiene que concluir este libro, aunque sé con certeza que mi madre me está guiando.

No quiero concluir sin contarles una anécdota que es un clásico en la familia y que sale en casi todas las reuniones familiares.

La anécdota del pollo viajero.

No recuerdo bien la edad que tendría ni en qué pueblo de Cangas de Narcea estaba dando clase mi madre, lo que si recuerdo es que aquel día pregunto en clase quien tenía pollos para vender. Por la tarde, después de concluir la clase, me acuerdo que recorrió las casas de los niños que tenían pollos para vender. Lo recuerdo porque me llevo con ella. Después de elegir el pollo más hermoso y con el plumaje más brillante, con la mejor cresta y abonar el correspondiente precio, fuimos con el animal para casa. Lo metió en una caja de cartón, le hizo agujeros para que respirara el pobre bicho y mi padre bajo a Cangas de Narcea y lo facturó en el Alsa para Madrid.

El desencuentro llegó al cabo de unos días cuando recibió una carta de su primo Bienvenido, que era el receptor del pollo, diciéndole que como se le había ocurrido mandarle un pollo vivo. Que si no sabía que vivía en un piso y que tuvo que mandar al pollo a la protectora de animales porque su mujer es defensora a ultranza de los animales. Recuerdo que mi madre no entendió muy bien el enfado de Bienvenido y muchísimo menos como podía haber mandado el pollo a una protectora y que no hubiera acabado en la cazuela; ella que lo había hecho con las mejores intenciones en agradecimiento por lo bien que se había portado con la tía de una amiga suya cuando estuvo ingresada en La Paz, donde él estaba ejerciendo de médico. Ella que se lo había mandado vivo precisamente para que llegara fresco y viera la hermosura de pollo que le mandaba y recordara los pollos que comían de críos en las fiestas de Villar. No entendía lo desagradecido que resultaba su queridísimo primo. Y Bienvenido no entendía que su queridísima prima no comprendiera su postura. El desencuentro entre ambos primos duro unos meses, pero el inmenso cariño que se tenían pudo con todo y ha quedado en una anécdota que forma parte de las reuniones familiares.

Espero que al leerla les saque una sonrisa, como nos la saca, a los que la conocimos y queremos, cada vez que la contamos.

Este libro es mi forma de decir que, si se quiere de verdad a las personas, jamás desaparece. Yo soy de las personas que no creen ni en el cielo ni en el infierno. No creo que al morir se vaya uno; considero que somos energía y como energía que somos no desaparecemos, simplemente cambios de envase. Abandonamos el cuerpo que nos ha acompañado durante años para pasar a otro plano. Considero que mientras se recuerde a una persona siempre estará viva. Así que tú mamá siempre vas a estar viva. Gracias por dejar estas memorias escritas y darme la oportunidad de darles forma de libro. Gracias por existir y estés donde estés espero que te guste.

Sobre la autora

Sobre mí, te contare que soy una de las fundadoras y redactora en la revista digital literaria *El Gato Negro*. Vivo en un lugar pintado en azul y verde en el norte de España. De madre leonesa y padre asturiano.

Mi última públicación es un libro infantil, *Los Viajes de Miguelito*. Anteriormente he publicado la novela, *El hombre que inventó la duda*, y he reeditado la novela *El Espejo Azul,* con el título *Un Espejo Azul, reflejo de un amor.* También he colaborado en la obra colectiva promovida por la editorial Playa de Ákaba, *Generación Subway.*

Puedes obtener más in fomación en mi web de autora, y en la web de la revista digital literaría *El Gato Negro*

Web / Blog
https://sandraovies.com/
http://revistaliterariaelgatonegro.com/